Joachim Ringelnatz
Heiteres & Besinnliches

Joachim Ringelnatz

Heiteres & Besinnliches

garant

Am 7. August in Wurzen geboren, tat Ringelnatz (eigentlich Hans Bötticher) nach schwieriger Jugend vier Jahre Seemannsdienste und wurde danach Kaufmann. 1909 trat er erstmals im Kabarett des Münchener „Simmpl" als Hausdichter auf. 1914 bis 1918 wieder auf See, war er später Bibliothekar, Kabarettist, Komiker und Maler. In seinen Gedichten erscheinen sowohl eine Neigung zu scharfem Spott, Verstoß gegen Tabus und der derber Körperlichkeit als auch spezifisch lyrische Stimmungen: Hier sind Melancholie, Verzweiflung, Liebe, und Sympathie auch für Kinder gestaltet. Das Werk erinnert an Morgenstern und Erich Kästner. Ringelnatz starb am 16. November 1934 in Berlin.

© 2009, **garant** Verlag GmbH, Renningen
Alle Rechte vorbehalten.

www.garant-verlag.de

Herstellung und Organisation: Dr. Christian Zentner, München
Mitarbeiter: Claudia Richter, München
Umschlaggestaltung: Paul Zentner, München
Layout: Petra Obermeier, München

ISBN 978-3-86766-204-8

AN PITTEN

Und nun zu dir, mein Goldschatz, last not least.
Ich stelle dich mir vor, geliebte Pitten,
Wie du die obigen Gedanken liest.
Ob du wohl was für Miene dabei ziehst?
Ob du wohl lachst, weinst, vorwärts, rückwärts niest?
Und etwas brummeist von verdorbnen Sitten?
Seis, wie es sei. Der Weg – einmal beschriften –
Es gilt, ihn bis zur Neige auszubaden.
Die Scham muss schweigen, wenn die Liebe wacht.
Und etwas Unanstand kann gar nichts schaden.
Dich hat Natur nicht dick noch dünn gemacht.
Sie hat dich nicht mit Wülsten überladen.
Nicht Zeit noch Tropfen höhlten deine Waden.
Du prangst in goldner Schönheit reinster Pracht,
Dass jedem deutschen Manne und Soldaten
Das Herz unausgesetzt im Leibe lacht.

Das Fleisch ist billig, doch der Geist ist stark!
In diesem Sinne und mit 1000 Grüßen
Leg ich dir dieses schlichte Buch zu Füßen,
Am Gänsemarkt gekauft für 15 Mark.

DIE RIESENDAME DER OKTOBERWIESE

Die Zeltwand spaltete sich weit,
Und eine ungeheure Glocke wuchtete
Herein. »Emmy, das größte Wunder unsrer Zeit!«
Dort, wo der Hängerock am Halse buchtete,
Dort bot sich triefenden Quartanerlüsten
Die Lavamasse von alpinen Brüsten,
Die majestätisch auseinander floss.
»Emmy, der weibliche Koloss.«
Hilflose Vorderschinken hingen
Herunter, die in Würstchen übergingen.
Und als sie langsam wendete: – Oho! –
Da zeigte sich der Vollbegriff Popo
In schweren erzgegossnen Wolkenmassen.
»Nicht anfassen!«
Und flüchtig unter hochgerafften Segeln

Sah man der Oberschenkel Säulenpracht.
Da war es aus. Da wurde gell gelacht.
Ich wusste jeden Witz zu überflegeln,
Und jeder Beifall stärkte meinen Schwung.
Die Dicke schwieg. Ich gab die Vorstellung.

Besonders lachten selbst recht runde Leute.
Ich wartete, bis sich das Volk zerstreute.

Nacht war es worden. Emmy ließ sich dort,
Wo sie gestanden, dumpf zum Nachtmahl nieder.
Sie schlang mit Gier, doch regte kaum die Glieder.
»Sag, Emmy, würdest du ein gutes Wort,
Das keinen Witz und keine Neugier hat,
Von einem, der dich tief betrauert, hören?«

Sie sah nicht auf. Sie nickte kurz und matt:
»Nur zu! Beim Essen kann mich gar nichts stören.«

»Emmy! Du armes Wunderwerk der Zeit!
Du trittst dich selbst mit ordinären Reden,
Mit eingelerntem hohlen Vortrag breit.
Du lässt die schlimme Masse deines Fettes
Von jedem Buben, jeder Dirne kneten.
Man kann den Scherz vom Umfang deines Bettes,
Der Badewanne bis zum Ekel spinnen.
Und so tat ich. Und konnte nicht von hinnen.

Ich dachte mich beschämt in dich hinein.
Es müsste doch in dir, in deinem Leben
Sich irgendwo das Schmerzgefühl ergeben:
Ein Dasein lang nicht Mensch noch Tier zu sein.«
Hier hielt ich inne, dachte zaghaft nach.
Bis ein Geräusch am Eingang unterbrach.

Es nahte sich mit wohlgebornen Schritten
Der Elefant vom Nachbarzelt
Und sagte: »Emmy, schwerste Frau der Welt,
Darf ich um einen kleinen Beischlaf bitten?«

Diskret entweichend konnte ich noch hören:
»Nur zu! Beim Essen kann mich gar nichts stören.«

Fräulein Lonahildeursulaelisabeth Pieper

(Berlin, 6. Dezember 1918)

Das ist meine liebe Lona, die schreibt.
Sie ist und bleibt eine Perle.
Und Ihr drei Kleinen, Ihr seid und bleibt
Doch richtige Teufelskerle.
Du muschelverkalkte Perle, Du
Zupf an den Ohren die Kleinchen.
Und hilf mir zu meiner ländlichen Ruh
Und zu einem Häus'chen mit Schweinchen.
Wie freute ich mich, was im lieben Quartett
Ihr dem alten Seemann gesungen.
Lon-Hilde, Ursl-Elisabeth,
Euch hat mein Becher geklungen.
Sagt Eurem verehrten Vater Gruß.
Das neue Jahr im Erwachen
Soll Euch und den Treuen von Kurtius
Aus innerster Seele lachen.

GEHEIMES KINDER-SPIEL-BUCH

MAIKÄFERMALEN

Setze Maikäfer in Tinte. (Es geht auch mit Fliegen.)
Zweierlei Tinte ist noch besser, schwarz und rot.
Lass sie aber nicht zu lange darin liegen,
Sonst werden sie tot.
Flügel brauchst du nicht erst rauszureißen.
Dann musst du sie alle schnell aufs Bett schmeißen
Und mit einem Bleistift so herumtreiben,
Dass sie lauter komische Bilder und Worte schreiben.
Bei mir schrieben sie einmal ein ganzes Gedicht.

– – – –

Wenn deine Mutter kommt, mache ein dummes Gesicht;
Sage ganz einfach: »Ich war es nicht!«

HIMMELSKLÖSSE

(Das Spiel, das Frau Geheime Hofrat Anette von Beighausen Berlin S.W.,
Königgrätzerstr. 771, als Kind so gern gespielt hat.)

Je mehr Kinder dabei mitmachen,
Umso mehr gibt es nachher zu lachen.
– – – –
Dicke Papiere sind nicht zu gebrauchen.
Man muss Zeitung oder Briefe von Vaters Schreibtisch nehmen.
Keiner darf sich schämen,
Das Papier mit der Hand in den Nachttopf zu tauchen.
Wenn es ganz weich ist, wird es zu Klößen geballt
Und mit aller Wucht gegen die Decke geknallt.
Man darf auch vorher schnell noch Popel hineinkneten.
Solche Klöße bleiben oben minutenlang kleben.
Jedes Kind muss nun unter einen der Klöße treten
Und den offenen Mund nach der Decke erheben.
Vorher singen alle im Rund:
»Lieber Himmel, tu uns kund,
Wer hat einen bösen Mund.«
Bis der erste Kloß runterfällt
Und trifft zum Beispiel in Fannis Gesicht.
Dann wird die Fanni umstellt.
Und alle singen (nur Fanni nicht):
»Schweinehündin, Schweinehund!
Himmelsklöße taten kund:
Du hast einen bösen Mund.
Sperrt sie in den Kleiderschrank
Wegen ihrem Mordsgestank.«
– – – –
Steckt eurem Vater frech die Zunge
Heraus. Und ruft: »Prost Lausejunge!«
Dann – wenn er vorher auch noch grollte –
Vergisst er, dass er euch prügeln wollte.

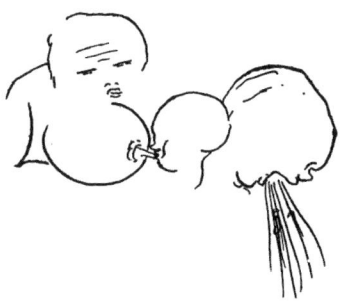

DAS BERGMANNSPIEL

Unter dem Bett ist der Schacht.
Der wird entweder mit Bettdecken dunkel gemacht,
Oder ihr spielt das Spiel bei der Nacht.
In den Schacht schüttet ihr erst recht viel Kohlen.
Die muss der Bergmann auf dem Bauche herausholen.
Ein Licht oder Spirituskocher und zum Graben
Eine Schaufel muss jeder Bergmann haben.
Außerdem muss er vor allen Dingen sich hinten
Ein Stück Leder aus Schuh oder Ranzen anbinden.
Dann baut ihr aus Tisch und Stuhl und Fußbank drei Stufen,
Dort, wo der Eingang sein soll.
Jeder, der runterkriecht, muss erst »Glückauf« rufen
Und schaufelt eine Zigarrenkiste voll Kohlen voll.
Jeder, der rauskriecht, muss dann ganz dreckig sein.
Und jedes Mal müssen alle Glückauf schrein.
Geben euch eure Eltern was hinten drauf,
Dann habt ihr doch hinten das Leder und ruft nur: »Glückauf«.

SCHLACHT MIT RICHTIGEN BOMBEN

Das muss sein wie bei einer wirklichen Schlacht,
Mit richtigem Zufall, wo's blitzt und kracht.

– – – –

Kannst du Stahllineale oder Fischbeinstäbe kriegen,
Im Korsett in deiner Mutter wirst du welche finden.
Die musst du spannen, das heißt im Bogen biegen
Und beide Enden mit Zwirn zusammenbinden.
Lege solch Bomben auf einen Zeitungswisch,
(Den du vorher mit Benzin begießt), auf den Tisch.
Nun baust du ganz dicht drum rum deine Bleisoldaten
Auf. Wie's grade kommt, kreuz und quer,
Als wären sie schon ins Handgemenge geraten.
Spritze auch nochmals bisschen Benzin umher.
Nun musst du von etwa zwei Schritt zurück
Brennende Zündhölzer zwischen schmeißen.
Dann brennt alles. Die Bomben platzen und reißen
Große Lücken. – Das ist das Soldatenglück,

– – – –

Und wenn dein Vater dir droht, er wolle den Stock holen,
Dann sage, das frühere Dienstmädchen
Habe das Spiel dir empfohlen.

DAS DOKTOR-KNOCHENSPLITTER-SPIEL

Dazu braucht man nicht viel.
Nur ein Gänse- oder Hühnerknöchelchen.
Du, Berta, bohrst ein Löchelchen
Ins Sofa und schiebst das Knöchelchen
Weit rein, doch immer dicht unter die Sofahaut,
Dass man's von außen wie Knorpel anfassen kann,
Was wie Geschwulst ausschaut.
Das Sofa ist dann dein Mann.
Ich bin der Doktor Frank.
Du sagst: »Mein Mann ist so krank.«
Ich fühle und sage mit ernster Miene:
»Er hat einen Splitter im Herzen sitzen«,
Und nehme das Ölkännchen von eurer Nähmaschine,
Um erst mal Betäubung in das Geschwür einzuspritzen.
Nun kommt die Operation; das ist das Schwere.
Ich nehme ein Messer und eine Schere.
Du nimmst ein Handtuch und fürchtest dich zuzusehn;
Darum drückst du die Augen zu.
Ich tu einen scharfen Schnitt, greife dann
– das muss wie der Blitz geschehn –
Mit der Zange (das ist die Schere) im Nu
Den Knochen aus deinem Mann.
Weil, wenn ich ihn nicht beim ersten Male geschickt
Gleich rausbekomme, – ist die Operation missglückt.
– – – –

Das nächste Mal bist du Doktor Frank,
Und mein Mann ist krank.
– – – –

Angst darfst du nicht haben. Denn meine und deine
Eltern können uns – – – Weißt du, was ich meine?!?

Afrikanisches Duell

Wenn dich der Paul oder jemand, den du kennst,
Schwein schimpft oder wenn du ihn Rindsvieh nennst,
Dann habt ihr euch beleidigt.
Dann müsst ihr afrikanisches Duell machen.
Ich bin der Schiedsrichter, der bei Ehrenwort euch vereidigt.
Niemand darf auch nur mit der Wimper lachen.
Jeder schweigt. Und ihr stellt euch dabei
Gegenüber. Mit sechs Handbreit Abstand. Und dann
Zähle ich langsam bis drei.
Darauf spuckt jeder dem anderen ins Gesicht,
Möglichst so lange, bis der nicht mehr sehen kann.
Mich anspucken gilt aber nicht.

– – – –

Wer zuerst sagt, er habe genug abgekriegt,
Der ist besiegt
Und muss sich von mir eine runterhauen lassen,
Ohne sich wehren oder mich anfassen.
Darauf dürft ihr euch nicht mehr hassen,
Sondern müsst euch bezähmen
Wie Männer von Ehre und Stand.
Jeder reicht dem andern die Hand.
Weil die Helden in Afrika sich wegen Spucke nicht schämen.

EINE ERFINDUNG MACHEN

(Nur für Kinder, die keinen Schiss haben.)

Wer was erfindet, wird furchtbar reich.
Was man erfindet, ist ganz gleich.
Wenn man nur allerlei Dinge zusammenmischt,
Noch länger, als bis es zischt, und das Richtige rausfischt,
Dann wird man in wenigen Stunden
Berühmt oder macht Gold.
Ich hab auch schon mal was zur Hälfte erfunden,
Aber Wolfgang, mein Bruder, wollte nicht mehr. –
Wenn ihr das etwa fertig erfinden wollt,
Will ich's euch sagen. Aber es ist sehr, furchtbar sehr schwer.
Das allerwichtigste ist die teure
Furchtbar gefährliche Salzsäure.
Entweder findet ihr die im Klosett
Hoch oben auf einem Brett.
Oder ihr müsst euch unter das Dienstmädchen stecken.
Dürft aber ja nicht dran lecken.
– – – –
Erst legt ihr einen Goldfisch oder anderen Fisch –
Es kann auch ein Rollmops sein –

Nicht etwa auf den Tisch,
Sondern: auf Elfenbein.
Und zwar auf die weißen Tasten von dem Klavier.
Müsst aber die Fische vorher mit Bier
Und Zahnpulver kneten
Und auch erst tot treten,
Damit sie auch liegen bleiben.
Nun müsst ihr Seife, dann Zwiebel darüber reiben.
Dann müsst ihr Pfennige, Nachtleuchterstücken
Und anderes Kupfer tief in die Fische drücken
Und nun darüber langsam die Salzsäure träufeln.
Dann holt ihr schnell eine Schaufel (eigentlich zwei Schäufeln)
Voll glühender Kohlen.
Wolfgang ließ mich damals die zweite Schaufel nicht holen.
Der dumme Ochse ist ja zu unverschämt.
Aber ihr müsst das zu Ende bringen.
Wenn ihr noch Soda und Wachs und sowas zu nehmt,
Dann wird's schon gelingen.
Und wenn eure Eltern was wollen,

— — — —

Dann müsst ihr zum Trotz in die glühenden Kohlen fassen.
Und sagt nur ganz barsch: Sie sollen
Sich lieber und recht bald begraben lassen.

Sich interessant machen

(Für einen großen Backfisch.)

Du kannst doch schweigen? Du bist doch kein Kind
Mehr! – Die Lederbände im Bücherspind
Haben, wenn du die umgeschlagenen Deckel hältst,
Hinten eine kleine Höhlung im Rücken.
Dort hinein musst du weichen Käse drücken.
Außerdem kannst du Käsepfropfen
Tief zwischen die Sofapolster stopfen.

– – – –

Lasse ruhig eine Woche verstreichen.
Dann musst du immer traurig herumschleichen.
Bis die Eltern nach der Ursache fragen.
Dann tu erst, als wolltest du ausweichen,
Und zuletzt musst du so stammeln und sagen:
»Ich weiß nicht, – ich rieche überall Leichen –.«

– – – –

Deine Eltern werden furchtbar erschrecken
Und überall rumschnüffeln nach Leichengestank
Und dich mit Schokolade ins Bett stecken.
Und zum Arzt sage dann: »Ich bin seelenkrank.«

– – – –

Nur lass dich ja nicht zum Lachen verleiten.
Deine Eltern – wie Eltern so sind –
Werden bald überall verbreiten:
Du wärst so ein merkwürdiges, interessantes Kind.

VOLKSLIED

Wenn ich zwei Vöglein wär
Und auch vier Flügel hätt,
Flög die eine Hälfte zu dir.
Und die andere, die ging auch zu Bett,
Aber hier zu Haus bei mir.

Wenn ich einen Flügel hätt
Und gar kein Vöglein wär,
Verkaufte ich ihn dir
Und kaufte mir dafür ein Klavier.

Wenn ich kein Flügel wär
(Linker Flügel beim Militär)
Und auch keinen Vogel hätt,
Flög ich zu dir.
Da 's aber nicht kann sein,
Bleib ich im eignen Bett
Allein zu zwein.

ÜBERGEWICHT

Es stand nach einem Schiffsuntergange
Eine Briefwaage auf dem Meeresgrund.
Ein Walfisch betrachtete sie bange,
Beroch sie dann lange,
Hielt sie für ungesund,
Ließ alle Achtung und Luft aus dem Leibe,
Senkte sich auf die Wiegescheibe
Und sah – nach unten schielend – verwundert:
Die Waage zeigte über Hundert.

Meine Tante, Frau Bebatte,*
Welche niemals Kinder hatte,
Las vertieft im Tageblatte:
»Ein Mulatte,
Welcher dreizehn Kinder hatte,
Aß vor Hunger eine Ratte,
Welche 19 Junge hatte.« –
Tante wurde weich wie Watte.
»Nein« – so rief sie – »nein, die Ratte!«

*) soll Babette heißen.

DIE RAKETE UND DER KATER

Hui! Die Rakete stieg. Sie fauchte
Am Dach vorbei und höher. Glühend jung.
Bis sie in wundervollem Linienschwung
In ferne, dunkle Abendwolken tauchte.
Auf jenem Dache saß ein schwarzer Kater.
Der sah die schöne Linie, und was tat er?
Zunächst: Er fauchte ebenfalls.
Dann dehnte er sich, reckte seinen Hals.
Dann krümmte er den Buckel, hob ein Ohr
Und streckte seinen Schweif graziös empor,
Um jene schöne Linie nachzumachen.
Doch die Rakete oben barst vor Lachen.
Da warf sich unser schwarzer Kater
Wild auf den Rücken. Und was tat er?
Was tat er außer sich vor Wut?
Nun, was man sonst gewöhnlich nicht
Gerade auf dem Rücken liegend tut.
Er tat es kräftig, tat es reichlich, gut;
Er hatte kurz zuvor zu Haus
Zwei Babyflaschen ausgesogen.
Doch jenen herrlichen Raketenbogen – –
Nein, nein, den kriegte er nicht raus.

DIE SCHNUPFTABAKSDOSE

Es war eine Schnupftabaksdose,
Die hatte Friedrich der Große
Sich selbst geschnitzelt aus Nussbaumholz.
Und darauf war sie natürlich stolz.

Da kam ein Holzwurm gekrochen.
Der hatte Nussbaum gerochen.
Die Dose erzählte ihm lang und breit
Von Friedrich dem Großen und seiner Zeit.

Sie nannte den alten Fritz generös.
Da aber wurde der Holzwurm nervös
Und sagte, indem er zu bohren begann:
»Was geht mich Friedrich der Große an!«

DIE AMEISEN

In Hamburg lebten zwei Ameisen,
Die wollten nach Australien reisen,
Bei Altona auf der Chaussee
Da taten ihnen die Beine weh,
Und da verzichteten sie weise
Denn auf den letzten Teil der Reise.

So will man oft und kann doch nicht
Und leistet dann recht gern Verzicht.

KLIMMZUG

Das ist ein Symbol für das Leben.
Immer aufwärts, himmelanstreben!
Feste zieh! Nicht nachgeben!
Stelle dir vor: Dort oben winken
Schnäpse und Schinken.
Trachte sie zu erreichen, die Schnäpse.
Spanne die Muskeln, die Bizepse.
Achte die Beschwerden.
Nicht einschlafen. Nicht müde werden!
Du musst in Gedanken wähnen:
Du hörtest unter dir einen Schlund gähnen.
In dem Schlund sind Igel und Wölfe versammelt.
Die freuen sich auf den Menschen, der oben bammelt.
Zu! Zu! Tu nicht überlegen.
Immer weiter, herrlichen Zielen entgegen.
Sollte dich ein Floh am Po kneifen,
Nicht mit beiden Händen zugleich danach greifen.
Nicht so ruckweis hin und her schlenkern;
Das passt nicht für ein Volk von Turnern und Denkern.
Klimme wacker,
Alter Knacker!
Klimme, klimb
Zum Olymp!
Höher hinauf!
Glückauf!
Kragen total durchweicht.
Äh – äh – äh – endlich erreicht.
Das Unbeschreibliche zieht uns hinan,
Der ewigweibliche Turnvater Jahn.

An Else Ambach

(1919)

Früh in Ermanglung einer Magd
Geht Else auf die Schweinejagd.

Auf diesem Bilde, wie du siehst,
Hat sie das arme Schwein gespießt.

Nunmehr mit einem scharfen Beile,
Teilt sie das Schwein in viele Teile.

Wer also viel geleistet hat
Isst sich zum Lohn gehörig satt.

FUSSBALL

(nebst Abart und Ausartung)

Der Fußballwahn ist eine Krankheit,
aber selten, Gott sei Dank.
Ich kenne wen, der litt akut
An Fußballwahn und Fußballwut.
Sowie er einen Gegenstand
In Kugelform und ähnlich fand,
So trat er zu und stieß mit Kraft
Ihn in die bunte Nachbarschaft.
Ob es ein Schwalbennest, ein Tiegel,
Ein Käse, Globus oder Igel,
Ein Krug, ein Schmuckwerk am Altar,
Ein Kegelball, ein Kissen war,
Und wem der Gegenstand gehörte,
Das war etwas, was ihn nicht störte.
Bald trieb er eine Schweineblase,
Bald steife Hüte durch die Straße.
Dann wieder mit geübtem Schwung
Stieß er den Fuß in Pferdedung.
Mit Schwamm und Seife trieb er Sport.
Die Lampenkuppel brach sofort.
Das Nachtgeschirr flog zielbewusst
Der Tante Berta an die Brust.
Kein Abwehrmittel wollte nützen,
Nicht Stacheldraht in Stiefelspitzen,
Noch Puffer außen angebracht.
Er siegte immer, o zu 8.
Und übte weiter frisch, fromm, frei
Mit Totenkopf und Straußenei.
Erschreckt durch seine wilden Stöße,

Gab man ihm nie Kartoffelklöße.
Selbst vor dem Podex und den Brüsten
Der Frau ergriff ihn ein Gelüsten,
Was er jedoch als Mann von Stand
Aus Höflichkeit meist überwand.
Dagegen gab ein Schwartenmagen
Dem Fleischer Anlass zum Verklagen.
Was beim Gemüsemarkt geschah,
Kommt einer Schlacht bei Leipzig nah.
Da schwirrten Äpfel, Apfelsinen
Durch Publikum wie wilde Bienen.
Da sah man Blutorangen, Zwetschen
An blassen Wangen sich zerquetschen.
Das Eigelb überzog die Leiber,
Ein Fischkorb platzte zwischen Weiber.
Kartoffeln spritzten und Zitronen.
Man duckte sich vor den Melonen.
Dem Krautkopf folgten Kürbisschüsse.
Dann donnerten die Kokosnüsse.
Genug! Als alles dies getan,
Griff unser Held zum Größenwahn.
Schon schäkernd mit der U-Bootsmine –
Besann er sich auf die Lawine.
Doch als pompöser Fussballstößer
Fand er die Erde noch viel größer.
Er rang mit mancherlei Problemen.
Zunächst: Wie soll man Anlauf nehmen?
Dann schiffte er von dem Balkon
Sich ein in einem Luftballon.
Und blieb von da an in der Luft,
Verschollen. Hat sich selbst verpufft. –
Ich warne euch, ihr Brüder Jahns,
Vor dem Gebrauch des Fußballwahns!

AM BARREN

(Alla donna tedesca)

Deutsche Frau, dich ruft der Barrn,
Denn dies trauliche Geländer
Fördert nicht nur Hirn und Harn,
Sondern auch die Muskelbänder,
Unterleib und Oberlippe.
Sollst, das Hüftgelenk zu stählen,
Dich im Knickstütz ihm vermählen.
Deutsches Weib, komm: Kippe, Kippe!

Deutsche Frau, nun lass dich wieder
Ellengriffs im Schwimmhang nieder.
So, nun Hackenschluss! Und schwinge!
Schwinge! Hurtig rum den Leib!
O, es gibt noch wundervolle
Dinge. Rolle vorwärts! Rolle!
Rolle rückwärts, deutsches Weib.

Deutsche Jungfrau, weg das Armband!
In die Hose! Aus dem Rocke!
Aus dem Streckstütz in den Armstand,
Nun die Flanke. Sehr gut! Danke!
Deutsches Mädchen, Hocke, Hocke!
Musst dich keck emanzipieren
Und mit kindlichem »Ätsch-Ätsche«
Über Männer triumphieren,
Musst wie Bombe und Kartätsche
Deine Kräfte demonstrieren.
Deutsches Mädchen – Grätsche! Grätsche!

Zum Wegräumen der Geräte

Veterinär, gleichzeitig Veteran,
Ein Mann, der 92 Jahre zählte,
Dass man zuletzt ihn aus Gewohnheit wählte,
Und trotzdem biegsam, schmiegsam wie ein Schwan.
Das war – trotz eines halbgelähmten Beines –
Der Ehrenvorstand unsres Turnvereines.
Und wirklich nahm er's noch im Dauerlauf
Und Schleuderball mit jedem Rennpferd auf.

Wettläufer sah ich – nun Gott weiß wie viel,
Doch ihrer keiner hielt wohl mit der gleichen
Bescheidenheit gelassen vor dem Ziel.
Denn niemand konnte ihm das Wasser reichen.
Dann griff er abseits zum Pokal. Und Hei!
Wie Donner klang sein Frisch-Fromm-Fröhlich-Frei.
Wie sich sein Vollbart, den er gern sich wischte,
Nach einem 80 cm-Sprung
Mit Kokosfasern einer Matte mischte,
Das bleibt mir ewig in Erinnerung.
Im Springen konnte überhaupt dem Alten
Zuletzt wohl keiner mehr die Stange halten.

Einmal, nach dem Genuss von sehr viel Weißwein,
Verstauchte er beim Spaltsitz auf dem Reck
Ganz unvermutet plötzlich sich das Steißbein.
Er aber wich und wankte nicht vom Fleck.
Im Gegenteil, er brach, um uns zu necken,
Sich noch den Sitzknorren der Sitzbeine am Becken.
Er turnte gern der Jugend etwas vor
Und mühte sich vor Buben oder Mädeln,
Die Beine in die Ringe einzufädeln,
Wobei er niemals die Geduld verlor.
Dann staunte ehrfurchtsvoll solch junges Ding,
Wenn er wie Christbaumschmuck im Nesthang hing.

Denn was ein Nesthängchen werden will, krümmt sich beizeiten.

Betrachtungen über dicke und dünne Frauen

Heute dünn und morgen dick:
Das ist das weibliche Geschick.

Dem kleinen Veilchen gleich,
Das im Verborgnen blüht,
Sei immer dick und weich,
Auch wenn dich niemand sieht.

Den Unterschied von dünn und dick
Erkennt man auf den ersten Blick.

Wer nur der dicken Frau vertraut,
Der hat auf keine Braut gebaut.

Die dünne Frau sitzt angesichts
Der Magerkeit beinah auf nichts.

Wenn dicke Fraun schon merklich schwitzen,
Dann soll man sie nicht noch erhitzen.

Die dünne Frau ist leicht verstimmt,
Wenn man ihr Rückenmark entnimmt.

Die Lerche steigt ins Wolkenblau.
Wie anders ist die dicke Frau.

Die dünne Frau in der Hand
Ist besser als die dicke auf dem Dache.

Einigkeit macht stark.
Wie einig muss Emmy sein.

Die dicke Frau trägt ein Korsett.
Sonst kratzt ihr Busen das Parkett.

Die dünne Frau ging durch das Korn.
Da bäumte sich der Rittersporn.
Die dicke Frau, die blies das Klapp-
erhorn. Der Sporn der wurde schlapp.

Die dicken Fraun sind dünn gesät.
Man trifft sie nie am Sprunggerät.

4 32

Bei dünnen Frauen schmeckt das Knie
Nach ihrem Tod wie Sellerie.

Bei dicken Fraun nennt man gewisse
Diskrete Säfte schlechthin: »Pisse.«

Wenn dünne Frauen sich entleiben,
Kann man getrost im Bette bleiben.

?

Was dicke Frauen von sich geben,
Soll man sich nicht ins Stammbuch kleben.

Die dicken Fraun der Eskimos,
Die haben eisige Popos.

Die dünnen Fraun am schwarzen Meere
Benutzt man dort im Krieg als Speere.

Beim Lustmord an der dicken Frau
Nimmt es der Mörder nie genau.

Um dünne Frauen zu zerschmettern,
Braucht man auf keinen Baum zu klettern.

Man fragt bei dicken Fraun im Zorn
Nicht lang nach hinten und nach vorn.

Die dünne Frau kann vorn und hinten
Oft selbst nicht ihre Teile finden.

Wenn dicke Frauen rasch verwesen,
So stört das sehr beim Zeitung lesen.

Es ist nicht fair, die dünnen Frauen
Vorm Frühstück mit Metall zu hauen.

Wenn dicke Frau sich hinten putzt,
Ist man sekundenlang verdutzt.

Wenn dicke Frauen tief sich bücken,
Dann ist es besser, sich zu drücken.

Um dicke Frauen zu entkleiden,
Tut man sie besser erst zerschneiden.

Im Gegensatz zu den sehr dicken
Sind dünne Fraun leicht zu verschicken.

Die dicke Frau aus Großberlin,
Die fühlt sich an wie Mondamin.

Wenn man an dicken Frauen tastet,
Dann spürt man erst, was sie belastet.

Wenn man die dünne Frau befühlt,
Dann wird man bald recht abgekühlt.

Die dicken Fraun wälzt man ins Betto;
Bei dünnen überrascht das Netto.

Wer nie an dicken Frauen roch,
Noch riechen will, der lernt es noch.

Kleine Lügen und auch kleine
Kinder haben kurze Beine.

Das ABC ist äußerst wichtig.
Im Telefonbuch steht es richtig.

Der Klapperstorch hat krumme Beine.
Die Kinder werfen ihn mit Steine.
Aber Kinder bringt er keine.

Der Spanier lebt in fernen Zonen
Für die, die weitab davon wohnen.

Und der Osterhase legt
(Bald sehr eitel, bald bewegt)
Rührei oder Spiegelei.
Schauerlich stöhnt er dabei.

der Elefant

Sechs Beine hat der Elefant.
Er wird auch Missgeburt genannt.

BABIES

Dass eure Windeln wie Segel sind,
Das wisst ihr Kinder noch nicht.
Ihr kümmert euch nicht um den eigenen Wind,
Um den fremden Wind, um das fremde Licht.
Ihr reist wie Passagiere.
Und wenn das Schiff mit euch ersauft,
Dann seid ihr himmeltief getauft,
Unschuldige, glückliche Tiere.

KIND, SPIELE!

Kind, spiele!
Spiele Kutscher und Pferd! –
Trommle! – Baue dir viele
Häuser und Automobile! –
Koche am Puppenherd!
Zieh deinen Püppchen die Höschen
Und Hemdchen aus! – Male dann still!
Spiele Theater: „Dornröschen"
Und „Kasperl mit Schutzmann und Krokodil!" –

Ob du die Bleisoldaten
Stellst in die fürchterliche Schlacht,
Ob du mit Hacke und Spaten
Als Bergmann Gold suchst im Garten im Schacht,
Ob du auf eine Scheibe
Mit deinem Flitzbogen zielst, – – –

Spiele! – Doch immer bleibe
Freundlich zu allem, womit du spielst.
Weil alles (auch tote Gegenstände)
Dein Herz mehr ansieht als deine Hände.
Und weil alle Menschen (auch du, mein Kind)
Spielzeug des lieben Gottes sind.

Dornröschen

SCHLÄNGELCHEN

Schlängelchen zum Teufel kam,
Ganz still und bescheiden.
Und der Teufel das Schlängelchen nahm
Und es streichelte.
Mochte es gut leiden.

Kam ein Schlängelchen
Zu einem Engelchen,
Neigte sich und wollte wieder scheiden.
Engelchen mochte das Schlängelchen
Gut leiden,
Sagte fromm:
„Komm!"

Nie bist du ohne Nebendir

Eine Wiese singt.
Dein Ohr klingt.
Eine Telefonstange rauscht.
Ob du im Bettchen liegst
Oder über Frankfurt fliegst,
Du bist überall gesehen und belauscht.

Gonokokken kieken.
Kleine Morcheln horcheln.
Poren sind nur Ohren.
Alle Bläschen blicken.

Was du verschweigst,
Was du den andern nicht zeigst,
Was dein Mund spricht
Und deine Hand tut,
Es kommt alles ans Licht.
Sei ohnedies gut.

Die Guh gibt Milch und stammt aus Leipzig.
Wer zuviel Milch trinkt, der bekneipt sich.

Der Ochse gibt statt Milch: Spinat.
Er spielt am Nachmittage Skat.

UNTER WASSER BLÄSCHEN MACHEN

Kinder, ein Rätsel! Hört mich an!
Wer es herausbekommt, kriegt Geld! – Wie kann
Man unter Wasser Bläschen machen?
Das müsst ihr versuchen – unbedingt! –
In der Badewanne. Und wenn es gelingt,
Werdet ihr lachen.

KINDER, SPIELT MIT EINER ZWIRNROLLE!

Gewaltigen Erfolg erzielt,
Wer eine große Rolle spielt.
Im Leben spielt zum Beispiel so
Ganz große Rolle: der Popo.

der zweite Schmetterling

Denkt nach, dann könnt ihr zwischen Zeilen
Auch mit geschlossenen Augen lesen,
Dass Onkel Ringelnatz bisweilen
Ein herzbetrunkenes Kind gewesen.

DAS HEXENKIND

Das junge Ding hieß Ilse Watt.
Sie ward im Waisenhaus erzogen.
Dort galt sie für verstockt, verlogen,
Weil sie kein Wort gesprochen hat
Und weil man ihr es sehr verdachte,
Dass sie schon früh, wenn sie erwachte,
Ganz leise vor sich hinlachte.

Man nannte sie, weil ihr Betragen
So seltsam war, das Hexenkind.
Allüberall ward sie gescholten.
Doch wagte niemand, sie zu schlagen.
Denn sie war von Geburt her blind.

Die Ilse hat für frech gegolten,
Weil sie, wenn man zu Bett sie brachte,
Noch leise vor sich hinlachte.

In ihrem Bettchen blass und matt
Lag sterbend eines Tags die kranke
Und stille, blinde Ilse Watt,
Lächelte wie aus andern Welten
Und sprach zu einer Angestellten,
Die ihr das Haar gestreichelt hat,
Ganz laut und glücklich noch „Ich danke."

BEINCHEN

Beinchen wollen stehen.
Beinchen wollen gehen,
Sich im Tanze drehen.
Beinchen wollen ruhn.
Beinchen wollen spreizen,
Wollen ihren Reizen
Jegliche Gelegenheit
Geben. Haben jederzeit
Muskulös zu tun.

Beine dick und so und so,
Beine dünn wie Stange.
Alle Beine sind doch froh.

Arme, arme Schlange!

EMANUEL PIPS

(Zu seinem 81. Geburtstag)

Den Kammerjäger Emanuel Pips
Vom linken Ufer des Mississipps
Mochte jedermann leiden.
Er war äußerst bescheiden.
Er trug acht Zentimeter Rips
Als Anzug und einen Seiden
faden in Grün als Schlips,
Fragte niemals nach Rennbahntipps,
Hatte überhaupt keinen Grips,
Aß einmal am Tage (potato-chips),
Trank alkoholfreie Salzwasserflips,
Wurde trotz alledem magenkrank
Und starb am Schwips.
Seine kleine Büste aus Gips
Steht unter anderen Nippes
Heute auf meinem Bücherschrank.

Berichtigung: Kammerjäger Pips
Schrieb sich eigentlich innen mit Yps
ilon, doch war so bescheiden und lieb,
Dass es ihm gleich war, wie man ihn schrieb.

ARM KRÄUTCHEN

Ein Sauerampfer auf dem Damm
Stand zwischen Bahngeleisen,
Machte vor jedem D-Zug stramm,
Sah viele Menschen reisen

Und stand verstaubt und schluckte Qualm,
Schwindsüchtig und verloren,
Ein armes Kraut, ein schwacher Halm,
Mit Augen, Herz und Ohren.

Sah Züge schwinden, Züge nahn.
Der arme Sauerampfer
Sah Eisenbahn um Eisenbahn,
Sah niemals einen Dampfer.

Kinder, ihr müsst euch mehr zutrauen!
Ihr lasst euch von Erwachsenen belügen
Und schlagen. – Denkt mal: Fünf Kinder genügen,
Um eine Großmama zu verhauen.

Den Unterschied bei Mann und Frau
Sieht man durchs Schlüsselloch genau.

Ernster Rat an Kinder

Wo man hobelt, fallen Späne.
Leichen schwimmen in der Seine.
An dem Unterleib der Kähne
Sammelt sich ein zäher Dreck.

An die Strähnen von den Mähnen
Von den Löwen und Hyänen
Klammert sich viel Ungeziefer.
Im Gefieder von den Hähnen
Nisten Läuse; auch bei Schwänen.
(Menschen gar nicht zu erwähnen,
Denn bei ihnen geht's viel tiefer.)

Nicht umsonst gibt's Quarantäne.

Allen graust es, wenn ich gähne.

Ewig rein bleibt nur die Träne
Und das Wasser der Fontäne.

Kinder, putzt euch eure Zähne!!

der Weihnachtsmann

BIST DU SCHON AUF DER SONNE GEWESEN?

Bist du schon auf der Sonne gewesen?
Nein? – Dann brich dir aus einem Besen
Ein kleines Stück Spazierstock heraus
Und schleiche dich heimlich aus dem Haus
Und wandere langsam in aller Ruh
Immer direkt auf die Sonne zu.
So lange, bis es ganz dunkel geworden.
Dann öffne leise dein Taschenmesser,
Damit dich keine Mörder ermorden.
Und wenn du die Sonne nicht mehr erreichst,
Dann ist es fürs erstemal schon besser,
Dass du dich wieder nach Hause schleichst.

KINDERSAND

Das Schönste für Kinder ist Sand.
Ihn gibt's immer reichlich.
Er rinnt unvergleichlich
Zärtlich durch die Hand.

Weil man seine Nase behält,
Wenn man auf ihn fällt,
Ist er so weich.
Kinderfinger fühlen,
Wenn sie in ihm wühlen,
Nichts und das Himmelreich.

Denn kein Kind lacht
Über gemahlene Macht.

Kinder weinen.
Narren warten.
Dumme wissen.
Kleine meinen.
Weise gehen in den Garten.

AN BERLINER KINDER

Was meint ihr wohl, was eure Eltern treiben,
Wenn ihr schlafen gehen müsst?
Und sie angeblich noch Briefe schreiben.
Ich kann's euch sagen: Da wird geküsst,
Geraucht, getanzt, gesoffen, gefressen,
Da schleichen verdächtige Gäste herbei.
Da wird jede Stufe der Unzucht durchmessen
Bis zur Papagei-Sodomiterei.
Da wird hasardiert um unsagbare Summen.
Da dampft es von Opium und Kokain.
Da wird gepaart, dass die Schädel brummen.
Ach schweigen wir lieber. – Pfui Spinne, Berlin!

SILVESTER BEI DEN KANNIBALEN

Am Silvesterabend setzen
Sich die nackten Menschenfresser
Um ein Feuer, und sie wetzen
Zähneklappernd lange Messer.

Trinken dabei – das schmeckt sehr gut –
Bambus-Soda mit Menschenblut.

Dann werden aus einem tiefen Schacht
Die eingefangenen Kinder gebracht
Und kaltgemacht.
Das Rückgrat geknickt,
Die Knochen zerknackt,
Die Schenkel gespickt,
Die Lebern zerhackt,
Die Bäuchlein gewalzt,
Die Bäckchen paniert,
Die Zehen gesalzt
Und die Äuglein garniert.

Man trinkt eine Runde und noch eine Runde.
Und allen läuft das Wasser im Munde
Zusammen, ausnander und wieder zusammen.
Bis über den feierlichen Flammen
Die kleinen Kinder mit Zutaten
Kochen, rösten, schmoren und braten.

Nur dem Häuptling wird eine steinalte Frau
Zubereitet als Karpfen blau.
Riecht beinah wie Borchardt-Küche, Berlin,
Nur mehr nach Kokosfett und Palmin.

Dann Höhepunkt: Zeiger der Monduhr weist
Auf zwölf. Es entschwindet das alte Jahr.
Die Kinder und der Karpfen sind gar.
Es wird gespeist.

Und wenn die Kannibalen dann satt sind,
Besoffen und überfressen, ganz matt sind,
Dann denken sie der geschlachteten Kleinen
Mit Wehmut und fangen dann an zu weinen.

DIE NEUEN FERNEN

In der Stratosphäre,
Links vom Eingang, führt ein Gang
(Wenn er nicht verschüttet wäre)
Sieben Kilometer lang
Bis ins Ungefähre.

Dort erkennt man weit und breit
Nichts. Denn dort herrscht Dunkelheit.
Wenn man da die Augen schließt
Und sich langsam selbst erschießt,
Dann erinnert man sich gern
An den deutschen Abendstern.

GEPLAPPER AN GROSSPAPA

„Großpapa, ach, bist du dumm!
Weil du nichts verstehst.
Großpapa, was bist du krumm,
Wenn du gehst!

Und du zitterst immerzu
Wie ein Pappelwald.
Großpapa, wann stirbst denn du?
Stirbst du bald?"

DOCH IHRE STERNE KANNST DU NICHT VERSCHIEBEN

Das Sonderbare und Wunderbare
Ist nicht imstande, ein Kind zu verwirren.
Weil Kinder wie Fliegen durch ihre Jahre
Schwirren. – Nicht wissend, wo sie sind.

Nur vor den angeblich wahren
Deutlichkeiten erschrickt ein Kind.

Das Kind muss lernen, muss bitter erfahren.
Weiß nicht, wozu das frommt.
Hört nur: Das muss so sein.

Und ein Schmerz nach dem andern kommt
In das schwebende Brüstchen hinein.
Bis das Brüstchen sich senkt
Und das Kind denkt.

VOM ANDERN AUS LERNE DIE WELT BEGREIFEN

Es sind die harten Freunde, die uns schleifen.
Sogar dem Unrecht lege Fragen vor.
Wer nimmer fragt, merkt nicht, was er verlor.
Vom andern aus lerne die Welt begreifen.

Billardopfer

Er starb am Billard, beim letzten Stoße.
Engel trugen ihn in die Höh'.
Abraham fand in seinem Schoße
Blaue Kreide und ein Billardqueue,
Und er stieß in spielerischer Idee
Nach den Sternen und Monden mit Linkseffet.
Abraham bekam das Spielen satt,
Weil der Himmel keine Bande hat.
Warf also das Queue wütend zur Erde zurück.
Das brach einer alten Frau das Genick.
Die stand auf der Straße, doch nicht auf der Einwohnerliste.
Die nächste Gemeinde begrub und bezahlte die Kiste.
Und von dem Blitze, der bald dieses, bald jenes vernichtet,
Wurde dann unter »Lokales« berichtet,
Dass er eine fremde Zigeunerin draußen erschlug,
Die einen gestohlenen Billardstock bei sich trug.

Ob wohl in Afrika oder am Delta des Nils
Auch Leute so sterben als Opfer des Billardspiels??

Komm, sage mir, was du für Sorgen hast

Es zwitschert eine Lerche im Kamin,
Wenn du sie hörst.
Ein jeder Schutzmann in Berlin
Verhaftet dich, wenn du ihn störst.

Im Faltenwurfe einer Decke
Klagt ein Gesicht,
Wenn du es siehst.
Der Posten im Gefängnis schießt,
Wenn du als kleiner Sträfling ihm entfliehst.
Ich tät es nicht.

In eines Holzes Duft
Lebt fernes Land.
Gebirge schreiten durch die blaue Luft.
Ein Windhauch streicht wie Mutter deine Hand.
Und eine Speise schmeckt nach Kindersand.
Die Erde hat ein freundliches Gesicht,
So groß, dass man's von weitem nur erfasst.
Komm, sage mir, was du für Sorgen hast.
Reich willst du werden? – Warum bist du's nicht?

Eintragungen im

GÄSTEBUCH CARL GEORG VON MAASSENS

(1920–1922)

Pubst oder singt nach Euerem Geschmack.
Die Pflicht: in Fremdenbüchern einzuschreiben,
Die brennt und klebt wie heißer Siegellack. –
Kein Mensch entpopelt meiner Nase
Jetzt einen halbwegs leserlichen Schnack.
Ich lasse etwas Kluges unterbleiben
Und fliehe nach der Arcisstraße,
Um mich behaglich zu beweiben.

3. Dezember 1920

Ein Giraffe (keine Ziege)
(Eben aus dem Ei gekrochen)
Pustete sich eine Fliege
Rückwärts von dem Wirbelknochen.

7/8. Mai 1921

Gedichtet sei, das eine bleibt gewiss
Am dürftigsten sind allgemeine Worte.
Doch Kuttel Daddeldu besucht Aborte
Und denkt ganz fromm: die Scheiße ist Beschiss.

(Fischdampfer spaltet versehentlich aufstoßend einen schlafenden Walfisch)

17. Juni 1921

Erich Mühsam saß ganz heiter – –
Doch die Hochbahn führt uns weiter,
Über Pinneberg und Schweden,
Und zuletzt will man nur reden.
Reden, bis die Zunge krampft.

———

Dies und frohes Ruhesanft
Wünscht aus Neid und Kaffeesatz
Ringelnatz.

8. Juli 1921

Die Summe jeden Techtelmechts
Ist Scheiße links und Scheiße rechts. –
Doch durch die Scheiße wieder mild
Gestimmt, bringt Ringelnatz ein Bild:

29. Juli 1921

Ella – Strick – Aufs Gradewohl
Reim ich vorwärts – Alkohol
Kröten – Luther – Kaffeesatz
In den Zähnen. – Ringelnatz.
Wie wir standen, lagen, saßen?
Einzig wieder wars bei Maaßen.
Was mich sonstens mocht beglücken –
Such ich bildlich auszudrücken:

9. Oktober 1921

Nur zwei Zeilen, wie sich das versteht*.
Schnaps ist alle. Ringelnatz der geht.

14. August 1922

Schwein sich selber kastrierend.

Es war ein kleines Stückchen Scheiße,
Das ging am Freitag auf die Reise
Und kam erst montags durch die Brille.

– – –

Volkswille ist nicht Bruno Wille.

An M.

Der du meine Wege mit mir gehst,
Jede Laune meiner Wimper spürst,
Meine Schlechtigkeiten duldest und verstehst – –.
Weißt du wohl, wie heiß du oft mich rührst?

Wenn ich tot bin, darfst du gar nicht trauern.
Meine Liebe wird mich überdauern
Und in fremden Kleidern dir begegnen
Und dich segnen.

Lebe, lache gut!
Mache deine Sache gut!

Logik

Die Nacht war kalt und sternenklar,
Da trieb im Meer bei Norderney
Ein Suahelischnurrbarthaar. –
Die nächste Schiffsuhr wies auf drei.

Mir scheint da mancherlei nicht klar,
Man fragt doch, wenn man Logik hat,
Was sucht ein Suahelihaar
Denn nachts um drei am Kattegatt?

FREIÜBUNGEN

(Grund-Stellung)

Wenn eine Frau in uns Begierden weckt
Und diese Frau hat schon ihr Herz vergeben,
Dann (Arme vorwärts streckt!)
Dann ist es ratsam, dass man sich versteckt.
Denn später (langsam auf den Fersen heben!)
Denn später wird uns ein Gefühl umschweben,
Das von Familiensinn und guten Eltern zeugt.
(Arme – beugt!)
Denn was die Frau an einem Manne reizt,
(Hüften fest – Beine spreizt! – Grundstellung)
Ist Ehrbarkeit. Nur die hat wahren Wert,
Auch auf die Dauer (Ganze Abteilung, kehrt!).
Das ist von beiden Teilen der begehrtste,
Von dem man sagt: (Rumpfbeuge) Das ist der allerwertste.

WETTLAUF

Publikum ungeduldig scharrt –
Scharren lassen – hier Start –
Taschentuch? keins –
Schweiß –
Heiß –
Zum Beweis
Des Nichtaufgeregtseins:
Billet Spucke kneten.
Achtung: eins!

Nicht mehr Zeit auszutreten –
Was? Rauchen verbeten? –
Sie da, der Dritte, weiter zurücktreten –
Soo! – Endlich Musik –
Der bekannte
Augenblick,
Wo –
Wenn der Trikot
Nur nicht so spannte –
Schweinerei –
Wäre fatal –
Achtung: Zwei!
Teufel nochmal!
Heiliger Joseph, steh mir bei!
Achtung: Drei!
Tapelti, tapelti, tapelti
Mut!
Gut!
Kopf senken!
Arme vom Leib!
Frieda denken!
Herrliches Weib!
Schade, dass Mund stinkt!
Das war sie! – lacht! – winkt –
Oh, oh! Oh, oh!
Mein Trikot!
Vorne gespalten.
Taschentuch vorhalten –
Jetzt Quark!
Nur laufen!
10 000 Mark –
Wochenlang saufen –
Wenn's glückt –

Schulden bezahlen –
Tante verrückt –
Meyers prahlen –
Sieger gratuliert –
Photographiert –
Händedruck –
Tun als ob schnuppe –
Wändeschmuck –
Lorbeer-Suppe –
Zeitungs-Reklame –
Filmaufnahme –
Frieda seidenes Kleid –
Otto platzt Neid –
Engelmann – Wut –
Anton – Pump –
Aushalten! Mut!
Weg da! Lump! –
Einer von beiden –
Weg abschneiden –
Puff!
Was bild't sich –
Uff!
Gilt nicht!
Feste druff!
Gar nicht kümmern!
Schädel zertrümmern!
Zuchthaus –
Flucht – Haus –
Schande –
Tante –
Sterben –
Beerben –
Unsinn! Was Quatsch! Quatsch!

Teufel noch mal!
Laternenpfahl.
Mehr links, ach! ach!
Stopp! Frieda! Halt! Krach!
Kladderadatsch!
Knätsch daun! au! aus!
Ohhhhhh! – Publikum Applaus.

IM PARK

Ein ganz kleines Reh stand am ganz kleinen Baum
Still und verklärt wie im Traum.
Das war des Nachts elf Uhr zwei.
Und dann kam ich um vier
Morgens wieder vorbei,
Und da träumte noch immer das Tier.
Nun schlich ich mich leise – ich atmete kaum –
Gegen den Wind an den Baum,
Und gab dem Reh einen ganz kleinen Stips.
Und da war es aus Gips.

BUMERANG

War einmal ein Bumerang;
War ein weniges zu lang.
Bumerang flog ein Stück,
Aber kam nicht mehr zurück.
Publikum – noch stundenlang –
Wartete auf Bumerang.

AN CLÄRE POPP

(August 1925)

Woher weißt du, wies die Vöglein machen?
Hast du so genau mal zugesehn?
Ach, ich muss dir folgendes gestehn.
Erst mal musste ich vergnüglich lachen.
Bis ich selber solch Gefühle spürte.
Und ich großes Geiervöglein schwang
Mich empor im heißen Frühlingsdrang,
Der mich weitab in die Vorstadt führte,
Fort, bei eine Prostitituierte.
Vöglein, die so niedlich hupfen,
Soll man nicht am Schwanze zupfen!

MEINE GASRECHNUNG

Und der Gasmann taucht
Jeden Monat auf, erbleicht,
Wenn er mir die Rechnung reicht,
Und sagt: »Herr, Sie haben viel verbraucht!«

Ich geleite den Besuch
An ein Sofa, wo er trinkt und raucht,
Und erkläre ihm, was ich verbraucht
Habe. Denn ich führe selber Buch:

»Wie ich täglich auf dem Gasherd koche,
Kann ich nur bei Gasbeleuchtung sehn.
Ich vergaß einmal, als ich für eine Woche
In die Berge fuhr, das Gaslicht abzudrehn.

Wenn man jeden Morgen einmal badet,
Ist das etwas, was dem eignen Wohle
Und dem Badeofen gar nichts schadet.
Ferner heize – – Gas ist sauberer als Kohle.

Und, was Sie nicht wissen: Seifenblasen
Füllt man besser – statt mit Lungenpusten,
Das zur Schwindsucht führt oder zum Husten –
Nur vermittelst Schlauchanschluss mit Gasen.

Dann: Versuche mit dem Gasmotor.
Haben die auch nicht Erfolg gezeitigt,
Hat am Fünften doch mein Zimmerherr,
Als ich fort war, wie er angibt, per
Gas die ganze Wanzenbrut beseitigt.

Hab ich auch durch Zündhölzer gespart,
Kommt mich doch ein Gasangriff auf Steuer-
Kontrolleure andrerseits sehr teuer.
Ebenso die Fesselballonfahrt.

Und zuletzt – was ich aus triftigen
Gründen nur mit ›Null und Stern‹ verbuche –
Sieben jener aussichtslosen, giftigen
Gas-Vergiftungs-Selbst- und Mordversuche.

Kurz, für wenig Geld
Viel Nutz und Spaß.
Ein Kubikmeter ist Form.
Doch Gas

Ist wie Geist, ist flüchtig und ist billig.
Hier Ihr Geld!« – – Der Gasmann geht freiwillig,
Und sein Antlitz strahlt.
Denn ich habe ihm was mehr bezahlt.

Die Lumpensammlerin

Hält sie den Kopf gesenkt wie ein Ziegenbock,
Ihre Gemüsenase,
Ihr spitzer Höcker, ihr gestückelter Rock
Haben die gleiche farblose Drecksymphonie
Der Straße.
Mimikry.

Selbständig krabbeln ihre knöchernen Hände
Die Gosse entlang zwischen Kehricht und Schlamm,
Finden Billette, Nadeln und Horngegenstände,
Noch einen Knopf und auch einen Kamm.

Über Speichel und Rotz zittern die Finger;
Hundekötel werden wie Pferdedünger
Sachlich beiseite geschoben.
Lumpen, Kork, Papier und Metall werden aufgehoben,
Stetig – stopf – in den Sack geschoben.

Der Sack stinkt aus seinem verbuchteten Leib.
Er hat viel spitzere Höcker.
Er ist noch ziegenböcker
Als jenes arg mürbe Weib.

DAS GESEIRES EINER AFTERMIETERIN

Meine Stellung hatte ich verloren.
Weil ich meinem Chef zu hässlich bin.
Und nun habe ich ein Mädchen geboren,
Wo keinen Vater hat, und kein Kinn.

Als mein Vormund sich erhängte,
Besaß ich noch das Kreppdischingewand,
Was ich später der Anni schenkte.
Die war Masseuse in Helgoland.

Aber der bin ich nun böse.
Denn die ließ mich im Stich.
Und die ist gar keine Masseuse,
Sondern geht auf den –

Mir ist nichts nachzusagen.
Ich habe mit einem Zahnarzt verkehrt.
Der hat mich auf Händen getragen.
Doch ich habe mir selber mein Glück zerstört.

Das war im Englischen Garten.
Da gab mir's der Teufel ein,
Dass ich – um auf Gustav zu warten –
In der Nase bohrte, ich Schwein.

Gustav hat alles gesehn.
Er sagte: Das sei kein Benehmen.
Was hilft es nun, mich zu schämen.
Ich möchte manchmal ins Wasser gehn.

Ansprache eines Fremden an eine Geschminkte vor dem Wilberforcemonument

Guten Abend, schöne Unbekannte! Es ist nachts halb zehn.
Würden Sie liebenswürdigerweise mit mir schlafen gehn?
Wer ich bin? – Sie meinen, wie ich heiße?

Liebes Kind, ich werde Sie belügen,
Denn ich schenke dir drei Pfund.
Denn ich küsse niemals auf den Mund.
Von uns beiden bin ich der Gescheitre.
Doch du darfst mich um drei weitre
Pfund betrügen.

Glaube mir, liebes Kind:
Wenn man einmal in Sansibar
Und in Tirol und im Gefängnis und in Kalkutta war,
Dann merkt man erst, dass man nicht weiß, wie sonderbar
Die Menschen sind.

Deine Ehre, zum Beispiel, ist nicht dasselbe
Wie bei Peter dem Großen L'honneur. –
Übrigens war ich – (Schenk mir das gelbe
Band!) – in Altona an der Elbe
Schaufensterdekorateur. –

Hast du das Tuten gehört?
Das ist Wilson Line.

Wie? Ich sei angetrunken? O nein, nein! Nein!
Ich bin völlig besoffen und hundsgefährlich geistesgestört.
Aber sechs Pfund sind immer ein Risiko wert.

Wie du misstrauisch neben mir gehst!
Wart nur, ich erzähle dir schnurrige Sachen.
Ich weiß: Du wirst lachen.
Ich weiß: dass sie dich auch traurig machen.
Obwohl du sie gar nicht verstehst.

Und auch ich –
Du wirst mir vertrauen, – später, in Hose und Hemd.
Mädchen wie du haben mir immer vertraut.

Ich bin etwas schief ins Leben gebaut.
Wo mir alles rätselvoll ist und fremd,
Da wohnt meine Mutter. – Quatsch! Ich bitte dich: Sei recht laut!

Ich bin eine alte Kommode.
Oft mit Tinte oder Rotwein begossen;
Manchmal mit Fußtritten geschlossen.
Der wird kichern, der nach meinem Tode
Mein Geheimfach entdeckt. –
Ach Kind, wenn du ahntest, wie Kunitzburger Eierkuchen schmeckt!

Das ist nun kein richtiger Scherz.
Ich bin auch nicht richtig froh.
Ich habe auch kein richtiges Herz.
Ich bin nur ein kleiner, unanständiger Schalk.
Mein richtiges Herz. Das ist anderwärts, irgendwo
Im Muschelkalk.

ABENDGEBET EINER ERKÄLTETEN NEGERIN

Ich suche Sternengefunkel
All mein Karbunkel
Brennt Sonne dunkel.
Sonne drohet mit Stich.

Warum brennt mich die Sonne im Zorn?
Warum brennt sie gerade mich?
Warum nicht Korn?

Ich folge weißen Mannes Spur.
Der Mann war weiß und roch so gut.
Mir ist in meiner Muschelschnur
So négligé zu Mut.

Kam in mein Wigwam
Weit übers Meer,
Seit er zurückschwamm,
Das Wigwam
Blieb leer.

Drüben am Walde
Kängt ein Guruh – –

Warte nur balde
Kängurst auch Du.

Lied aus einem Berliner Droschkenfenster

Auf dem Asphalt das Blut und das verspritzte Gehirn
Verlaufen in zierlichen Fädchen.
Ein Fädchen kann sein aus Seide oder Zwirn.
Damit nähen und sticken die Mädchen.

Sie nähen einen Saum, und sie sticken ein »B«
In ein seifensteifes Unterhöschen.
Im Kielwasser eines Dampfers auf See
Ersäuft ein vertrocknetes Röschen.

Mein Onkel im Rostocker Rathaus erschrickt
Über eine sich lösende Tapete.
Der hat einmal eine Sternschnuppe erblickt,
Die sah aus wie eine Rakete.

Wenn der Gaul sich auf dem Spittelmarkt mal hinlegen will,
Na, dann soll man das dem Vieh auch nicht verwehren.
Nee, dann trink' ich meinen Gilka. Und belausche dabei still,
Wie die Wanzen sich im Polstersamt vermehren.

JENE BRASILIANISCHEN SCHMETTERLINGE

Wie schön ihr angezogen seid!
Simpelfarbig ist unsere Menschenhaut
Und hat noch Hitzpickel am Gesicht.
Aber ich denke das ohne Neid.
Ihr renommiert wahrscheinlich auch nicht
Mit euren sonnenmetallischen Flügeln.
Sie sind euer einziges Kleid.
Ihr braucht es niemals zu bügeln.
Und wenn ich es täte, dann ginge
Es sicher entzwei.
Und euer Leben, ihr Schmetterlinge,
Huscht sowieso wie ein Sternschnupp vorbei.
Drum seid ihr Ochsen, wenn ihr's nicht genießt.
Dauernd saufen, naschen, geschlechtlich paktieren!
Derart keine Zehntelsekunde verlieren!
Bis euch der deutsche Professor aufspießt.

Die europäischen Fernen
Kennen zulernen,
Was euch das Leben nie bot,
Was ihr damals auch nie gewollt noch begriffen hättet, –
Nun wär's euch. – Zwischen Gläser gebettet
Leuchtet ihr so geduldig tot.
Broschen seid ihr und Fächer.
Ich habe aus euch einen Aschenbecher;
Aber er tut mir so leid.
Ich streue die Asche lieber daneben.
Denn euch brachte das schöne Kleid
Um euer junges, brasilianisches Leben.

KÜHE

Wie in der ersten Frühe
Der Nebel feig
Sich dünne macht, stehn auf der Wiese Kühe,
Und eine davon klackst jenen erstaunlich viel grünen Teig.

Als wie im Paradiese!
Warme Mastbäuche rauchen,
Rührende Rotzmäuler tauchen
In die Champagnerbläschen der Wiese.

Sie wandeln mit viehischer Majestät
Innerhalb ihrer Grenze,
Schieben das Restchen von Nervosität
In die Quaste ihrer Schwänze,

Und ihre Euter schwappeln und schlenkern
So hunds – glücklich gemein – –
Auch unter den Fürsten und ersten Künsdern und Denkern
Benehmen sich manche wie ein Schwein.

VORM BRUNNEN IN WIMPFEN

Du bist kein du,
Wasser. – Hättest nicht Ruh,
Mich auszuhören.

Ihr fließet immerzu
Und immer weiter und möglichst weit.

Wie euch der Brunnen aus eisernen Röhren
In den heißen Althäuserplatz speit,
Erdengeläutert und ausgekühlt;
Da ihr alte und neue Zeit
Und den Himmel abkonterfeit, –

Siehet mein durstiges Staunen
In euch doch immerzu andre.
Immer wieder mit über den Rand gespült,
Fängt es aus eurem Raunen
Nur eines auf: Wandre!

Von euch möcht' ich trinken.

Ihr würdet lau, wenn ihr stehen bliebt,
Ihr würdet trüb. Ihr würdet verweilend
Faulen und stinken.
Was kümmert's euch, ob ein Mensch euch liebt.
Dauernd zerteilt euch selber enteilend,
Seid ihr getrieben ein treibendes
Ganzes, rein Bleibendes.

CASSEL

(Die Karpfen in der Wilhelmstraße 15)

Man hat sie in den Laden
In ein intimes Bassin gesetzt.
Dort dürfen sie baden.
Äußerlich etwas ausgefranst, abgewetzt –
Scheinen sie inwendig
Doch recht lebendig.
Sie murmeln Formeln wie die Zauberer,
Als würde dadurch ihr Wasser sauberer.
Sie kauen Mayonnaise stumm im Rüssel
Und träumen sich gegen den Strich rasiert,
Sodann geläutert, getötet, erwärmt und garniert
Auf eine silberne Schüssel.
Sie enden in Kommerzienräten,
Senden die witzigste von ihren Gräten
In eine falsche Kehle.
Und ich denke mir ihre Seele
Wie eine Kellerassel,
Die Kniebeuge übt. – – –
Ja und sonst hat mich in Cassel
Nichts weiter erregt oder betrübt.

DIE STRÖMUNG

Die Strömung strömte Süd-Nord-West
Und bog sich dann im Bogen.
In ihrer Mitte kam ein Rest
Von einem Boot gezogen.

Dann kam ein Wasserleichelchen;
Es war von außen offenbar
Noch ziemlich frisch.
Dahinter trieb ein Speichelchen,
Das abgesondert war
Von einem Fisch.

Dem folgte sehr viel Kohlendreck,
Das Wasser wurde trüber.
Dann gondelte verdorbener Speck
Fischunterzupft vorüber.

Dann trieb ein Balken stumpf vorbei,
Dann nichts, dann ein Stück Dichtung,
Ein Flaschenkork und andrerlei, –
Alles in gleicher Richtung.

Dann kam ein Rest von einem Boot.
Ihm folgte eine gelbe
Chinesenleiche, stark zersetzt.
Und alles, was ich sah, war tot,
War unbedeutend und zuletzt
Im Grunde stets dasselbe.

SCHALLPLATTEN

Schallplatten, ihr runden,
Verschön uns die Stunden
Laut oder leise,
Tief oder hell,
Wie wir euch bestellt.
Dreht euch im Kreise.

Das Karussell
Der geistigen Welt.

Erwähltes schwinge,
Ein Spiel erklinge,
Ein Sänger singe,

Ein Dichter spricht;
Aus fernen Landen,
Aus Nichtmehrvorhanden. –

Wir sehen sie nicht.
Was sie uns gegeben,
Wird Künftigen bleiben,
Wird weiter leben,
Wie ihr es banntet,
Ihr kreisenden Scheiben,
Wie ihr erkanntet,
Was ewig gefällt.

Die Kunst erhält.

AUS BRESLAU

Ach, liebe Kollegin. Du bist es nicht mehr.
Nun bist du wirklich Bäuerin.
Und deine Koffer stehen leer.
Du glaubst nicht, wie ich hin und her
Und her und hin
Traurig und glücklich darüber bin.

Ist da Wald, wo dein Häuschen steht,
Und habt ihr eine Kuh?
Und wer melkt sie? Dein Mann oder du?
Ach das ist seit ewig und immerzu
Ein Wunsch, der auf meinem Kopfkissen steht.

Schreib mir doch alles ganz genau.
Habt ihr auch Obst und Gemüse?
Und trägst du im Stall nackte Füße?
Und eine Schürze gestreift oder blau?

Und wenn du selbst deine Vorhänge ziehst.
Dann, wenn die Sonne dich blendet.
Du trinkst nichts, was man dir spendet.
Ob du beim Melken sitzt oder kniest?

Aus Breslau über Berg und Tal
Viel Grüße dir. – Nein, euch beiden.
Und sage deinem Herrn Gemahl:
Ich wäre nicht zu beneiden.

ANEINANDER VORBEI

Vom Speisewagen
Durchs Land getragen,
Siehst du Dörfer, Felder, Katz' und Küh'.
Angenommen, dass dir das Menü
Nichts kann sagen.

Irgendwo: Zwei Barfußmädchen winken.
Wissen selber nicht, warum sie's tun,
Lassen ihre arbeitsharten Hände
Für Momente ruhn.

Wissen nicht, dass deine Hände sinken,
Winken,
Grüßen
In den ganzen langen Zug hinein,
Ahnen nicht, dass du die Scholle sein
Möchtest unter ihren schmutz'gen Füßen.

Angelangt, ergibst du mittelgroß
Dich der Höflichkeit, dem Stande und dem Gelde.
Nachts im Bette träumst du hoffnungslos
Von den beiden Mädchen auf dem Felde.

HAMBURG

Das Hafenleid – die Alsterdiamanten –
Das sind für mich so fertige Begriffe,
Da fallen Zahlen um die großen Schiffe,
Wenn ich begönnert, aber missverstanden

Zwischen den Reedern sitze an der Bar,
Die scheinbar nur um Whiskysoda knobeln.
Indessen denk ich immer vor den nobeln
Kaufherren an mein schlechtgekämmtes Haar.

Dann die, die aus den Schiffen sich verstreuen:
Unangenehme, plumpe Wunderlinge,
Sie schenken bluterlebte Wunderdinge
Und wollen nichts, als sich mit andern freuen.
Wie sie das erste beste runter gießen,
So gierig wie die weißen Hafenraben – – –
Muss man den Schlüssel selbst erschmiedet haben,
Um ihre seltnen Märchen zu erschließen.

Und alles kenn' ich: Backbord, Luv und Lee,
Das »Rundstück warm«, die Segel und die Lichter,
Die hellen abgesalzenen Gesichter.
Fuhr ich vielleicht umsonst sechs Jahr zur See!

Hier bunte Ratsherrn flatternd um die Masten,
Dort steife Flaggen, die zur Börse hasten.
Und steife Grogs, Qualm, Tabak, Nebeldunst.
Du frägst nach Kunst? ach Hummel, Hummel – Kunst!

Nachts klang zwölf Glasen – (nein, vielleicht zwölf Uhr) –
Wie aus Westindien – dumpfes Dampfertuten,
Ich träumte (aber dieses lüg ich nur)
Ich träumte eben von der Tante Bur, –
Kann es wohl sein, dass Augenwimpern bluten?
Hier trink ich morgens Bier auf nüchtern Magen
Und häufe Wurst auf grobes, schwarzes Brot,
Und fühle mich so stark in jeder Not,
Ich würde mich hier schämen, je zu klagen.

BERLIN

(An den Kanälen)

Auf den Bänken
An den Kanälen
Sitzen die Menschen,
Die sich verquälen.

Sausende Lichter,
Tausend Gesichter
Blitzen vorbei: Berlin.
Übers Gewässer
Nebelt Benzin ...
Drunten wär's besser.

Hinter der Brücke
Flog eine Mücke
Ins Nasenloch.
Loch meiner Nase,
Nasenloch, niese doch
In die stille Straße!

Auf dem Omnibus, im Dach
Rütteln meine Knochen,
Werden gute Worte wach,
Bleiben ungesprochen. – –

Ach, da fällt mir die alte Zeitungsfrau ein –
Vanblix oder Blax soll sie heißen –
Die hat ein so seltsames Schütteln am Bein,
Dass alle Hunde sie beißen. – –

An den Kanälen
Auf den dunklen Bänken
Sitzen die Menschen, die
Sich morgens ertränken.

MANNHEIM

Schaff mir doch jemand den Schutzmann vom Hals!
Der Kerl schreitet ein.
Ich möchte doch gar nichts weiter, als
Nur laut schrein. Ganz laut schrein.
Der aber schreit: Nein,
Das dürfte nicht sein.

Was wär nun an meinem Geschrei
Schlimmes dabei?
Wenn ich doch heute so fröhlich bin.
Dafür haben die von der Polizei
Gar keinen Sinn.

Passt auf, ihr Leute, was ich nun
Tue. Ich werde nichts Böses tun.
Wenn ich jetzt laufe,
Läuft der besäbelte Mann
Wie wild hinterher.
Aber ich laufe schneller wie der.
Und werde schrein, was ich nur schreien kann.

Was wissen die Polizisten
Vom redlichen Fröhlichsein.
Am Südpol darf jeder Seelöwe schrein
So laut wie er will. –

Schon gut, ich bin ja schon still.

FRANKFURT AM MAIN,

September 1923

Wie ich mich auf dich freue!
Nur noch fünf Tage weit!
Wird!
Was ich auch scheue,
Niemals die Zeit.

Ich sitze wo und esse.
Um mich die Herrn von der Messe
Sind alle wichtig im Gefecht.
Ich wollte, ich wäre bezecht.

Nah bei, vor einem stolzen Hotel
(Wo man noch echten Whisky hat),
Schwemmt sich aus schöner Schale ein Quell,
Als weinte eine ganze Stadt
Ihre Zeitnot über den Rand.

Renée, ich küsse deine Hand.
Auf Wiedersehn!
Ich denke: Wenn nächstens vieles fällt,
Wir zwei bleiben stehn,
Solange wir wissen, was uns hält.

BERLIN,

Dezember 1923

Guten Morgen, Liebling! Gestern nacht
Hat ein Kerl mich überfallen,
Wollte mich niederknallen,
Schrie: »Geld her!« und schoss.
Ich habe ihm fünf auf den Schädel gekracht:
Hammer auf Am-bam-bam-bam-boss.
Das hat mein Haustürschlüssel gemacht.

Und heute starb er im Lazarett.
Was der wohl noch dachte – zuletzt – auf dem Sterbebett?

Und was soll ich denken?
Welche Mächte die Kugeln lenken –
Not und Irrtum – Notwehr und Reue –?
Ob ich lache? Ob ich mich freue,
Weil dieser Kerl danebengezielt
Mich Armen für einen Reichen hielt –?

Erfrorenes Vögelchen früh
Auf meinem Fensterbrett. –
Draußen: tut – kling – hottehüh! –
Der Großstadtverkehr. –
Da kroch ich noch einmal ins Bett.
Denn ich friere so sehr. –
Wenn ich ein Vöglein wär –
Ja schön, aber kalt ist es hier ...
Und so lange getrennt zu sein ...
Erfrorenes Vögelein –
Flög ich zu dir.

WELTVERKEHR

Horch! Eine Stimme aus dem Radio rief:
»Ich bin der unbekannte Fisch Plattunde.
Ich lebe auf dem Meeresgrunde
So schätzungsweise fünfzehntausend Meter tief.
Ihr Menschen hört, ich möchte gar zu gern
Einmal den Flieger Udet kennen lern.«

In einer Höhe von genau zwölftausend
Elfhundert Metern durch die Lüfte sausend,
Erwiderte Herr Udet so:
»Mein lieber, unbekannter Fisch im Meere,
Ich habe Ihren Wunsch vernommen.
Auch ich ersehne ein Zusammenkommen.
Auf meiner Seite wäre ja die Ehre.
Bestimmen Sie per Radio
Nur bitte wann? und wie? und wo?«

Kaum war dies Zwiegespräch gesprochen,
So ward das Meeresspiegelglas
Von einem kleinen Fisch durchbrochen,
Der eine Fliege schnappte und sie fraß.

WIRRSAL

Denn immer wieder steigt von Zeit zu Zeit
Das Glück zu hoch und sackt das Leid zu tief.
Und dann: erwacht,
Was man gewaltsam totgemacht
Oder was kraftlos dumpfe Unwahrscheinlichkeiten schlief.

Und Kugeln müssen singen durch die Nacht;
Und nichts in ihrer Bahn soll leben bleiben.
Und was die Menschen sagen oder schreiben,
Soll offenkundig Lüge sein.
Und eine Zeitlang herrsche Nichts und Nein,
Und beuge sich der Vater vor dem Sohn.
Revolution!

Damit wir alle neu und weiter leiden,
Noch einige die wenigen beneiden,
Die dann so stark und unabhängig sind,
Dass sie zum Beispiel sich vor einem Kind
Ganz plötzlich – oder sich vor grünen Zweigen
Oder vor einem Esel – tief verneigen.

SCHNEE

Zwischen den Bahngeleisen
Vertränt sich morgenroter Schnee. – –
Artisten müssen reisen
Ins Gebirge und an die See,
Nach Leipzig – und immer wieder fort, fort.
Nicht aus Vergnügen und nicht zum Sport.
Manchmal tut's weh.

Der ich zu Hause bei meiner Frau
So gern noch wochenlang bliebe;
Mir schreibt eine schöne Dame:
»Komm zu uns nach Oberammergau.
Bei uns ist Christus und Liebe,
Und unser Schnee leuchtet himmelblau.« –
Aber Plakate und Zeitungsreklame
Befehlen mich leider nicht dort-,
Sondern ander wohin. Fort, fort.

Der Schnee ist schwarz und traurig
In der Stadt.
Wer da keine Unterkunft hat,
Den bedaure ich.

Der Schnee ist weiß, wo nicht Menschen sind.
Der Schnee ist weiß für jedes Kind.
Und im Frühling, wenn die Schneeglöckchen blühn,
Wird der Schnee wieder grün.

Beschnuppert im grauen Schnee ein Wauwau
Das Gelbe,
Reißt eine strenge Leine ihn fort. –
Mit mir in Oberhimmelblau
Wär's ungefähr dasselbe.

FRANKFURT AM MAIN,

Januar 1924

Hier hab' ich den Teufel gesehn.
Er ging durch die schnurrigen Gassen
Und hat etwas fahren lassen
Abends vor zehn.

Fand wieder Freunde lieb und wert.
Und manche haben mich entdeckt.
Ich weiß: Der Apfelwein schmeckt
Gut, aber er zehrt.

Wie du mich wohl wiedersiehst?!
Ich habe vor steifen Leuten
Einen Pferdeapfel gespießt.
Ob die sich innerlich freuten?

Mag es hier billig, teuer,
Interessant oder langweilig sein.
Mir ist dies Frankfurt am Main
So angenehm nicht recht geheuer.
Und mir gefällt's.

So nehme ich jede Fremde,
Als schliche ich nachts im Hemde
Durch Korridore eines Hotels.

BREMEN

Hier gelt ich nix und würde gern was gelten,
Denn diese Stadt ist echt, und echt ist selten.
Reich ist die Stadt. Und schön ist ihre Haut.
Sag einer mir:
Welch Geist hat hier
Die Sankt Ansgarikirche aufgebaut?
Groß schien mir alles, was ich hier entdeckte.
Ein Riesenhummer lag in einem Laden.
Wie der die Arme eisern von sich reckte,
Als wollte er durchs Glas in Frauenwaden,
In Bremer Brüste plötzlich fassen
Und – wie wir's von den Skorpionen lesen –
Restweg im Koitus sein Leben lassen, –
Wär er nicht längst schon rot und tot gewesen.
Als ich herauskam aus dem Keller, wo
Schon Heine saß, da sagte ich: »Oho!«
Denn auf mich sah Paul Wegener aus Stein,
Und er war groß und ich natürlich klein.
Brustwarzen hatte er an beiden Knien,
Vielleicht war's auch der Roland von Berlin.
Und als ich, wie um eine spanische Wand
Mich schlängelnd, eine seltsam leere
Doch wohlgepflegte Villengasse fand
Und darin viel verlorene Ehre,
Stand dort ein Dacharbeiter.
Den fragt ich so ganz nebenbei:
Ob er wohl ein Senator sei?
Da ging er lächelnd weiter.

CHARTRES

Kirchenfenster, Kirchenfenster,
Kirchenfenster, Kirchenfenst ...
Hoch im Dachgebälk der Kathedrale
Sahen meine Freunde viel Gespenster.
Ich sah nur ein einziges, das internationale,
Ewige, gottfröhliche Gespenst,
Das nicht nur in Kathedralen,
Sondern auch im Zöster und im Faust,
Auch in Püffen und in Apfelsinenschalen
Oder sonstens wo für den und jenen haust.
Der Professor, welcher im Beruf
Und bei seinen Leuten
An sehr erster, prominenter Spitze steht,
Wusste, wer das alles und wie und warum er's schuf:
Und er bat die Freunde, ihn zu bitten, uns zu deuten.
Und dann konnte er geflüssig, klar und sinnig
Steine, Formen, Farben lesen.
Und doch vor den schönen Kirchenfenstern bin ich
Damals glücklich ganz fernanderswo gewesen.
Doch dem Kirchendiener hab' ich lange
Zugeschaut – das hat mich zweitens intressiert –.
Wie der Kerl mit einer Eisenstange
Und mit einem Holzpantoffel raffiniert
Eine Maus beschlich.
Ach, die hatte sich
Scheu verirrt. – Nun mag man nicht vergessen,
Dass oft Mäuse ohne Ehrfurcht oder Scham:
Bibeln, Samt und Christusnasen fressen.
Doch ich freute mich
Ungeheuerlich,
Als die Kirchenmaus dem Kirchendiener doch entkam.

LEID UM PASCIN

(Juni 1930)

Ach, ist das Leben schwer.
Pascin nahm sich das Leben.

Nun steht ein Haus der Freundschaft leer,
Wo sich so viel begeben.

Wie lang ist's her,
Dass ich ihn dort verließ.
Mir tat der Abschied heimlich weh.

Ich meine, dass ich nun Paris
Nie wiederseh.

Das Herz auf dem Montmartre brach.

Adieu Pascin. – Es blieben
Zwei Bilder treu an meiner Wand.

Die Menschen, die ihm nach
Noch leben und so lieben –:
Ihr wenigen, lasst Hand in Hand.

MÜNCHEN-HAMBURG-ALTONA-AMERIKA

Denn von München bis nach Hamburg hin,
Dritter Klasse, ist kein rechter Schlaf.
Ob Artist, ob müde oder Schaf –
Jedenfalls: Ich merke steif: Ich bin.
Aber grüßt mich in Hannover
Schon ein kühles, blondes Lineal.
Elbe abwärts, über den Kanal
Weht ein frischer Wind nach Dover.
Denn dies Hamburg liegt nicht weit vom Meere,
Wohinein der Binnenländer sticht.
Und am Dammtor stehen Leip und Kläre,
Die wie Whiskysoda zu mir spricht.
Und ich melde dann
Mich bei dir an Deck,
Dicker, treuer Kaptein Muckelmann.
Und du lächelst über mein Gepäck.
Abends lassen wir uns hin und her
Bis nach Altona
durch die Hafenkneipen treiben,
Nur damit wir unsrem Peter Scher
Nach Amerika
Eine schöne Ansichtskarte schreiben.

AUGSBURG

Ich bin da im Weißen Lamm
Abgestiegen.
Leider ließ ich im Zug deinen schönen, neuen Schwamm
Liegen.
Mir bleibt nichts verschont.
Hier hat auch Goethe gewohnt –
Wollte sagen »erspart«. –

Augsburg hat doch seine Art;
Besonders wenn Markt ist und Zwiebeln, verhutzelte Weiblein
Und Butter und Gänse auf steinaltem Pflaster sich tummeln.

Dort, wo früher Hasen- und Hundemarkt war,
Schreib ich diesen Brief. Eine wunderliche
Ganz enge Kneipe – Marktleute – Kupferstiche –
Nur Schnäpse –

Verzeih, mir ist nicht ganz klar,
Aber sonderbar.
Schade nur um den herrlichen Schwamm!
Die ihn finden, die freun sich.

Auf der Reise nach Italien 1790.
Es lebe Goethe! Das Lamm! Und der Schwamm!
Ach was! Schwamm drüber! Punktum Streusand!
Prosit: Es lebe Neuseeland.

AUSFLUG NACH TIROL

Kann man das Jodeln wohl
In meinem Alter lernen?
Nie war, wie in Tirol,
Ich derart nah den Sternen.

Ich sah vom Stripsenjoch
Drüben an steiler Wand
Leute aufs Totenkirchl kraxeln,
Wahrscheinlich Sachseln
Aus Hosenträgerland.
Aber kühn und schön war es doch.

Was ich um Hochwürden dann
Später in Sankt Johann
Sang, lebte und sprach in der »Post«,
Schmeckte wie Herz am Rost
Nach ausgegangener Hochtouristenkost.

Alm und Kuhstall, fette Weiden,
Bärenwirt und Sennerin –
Wo ich durchgegangen bin,
Schien mir alles zum Beneiden.
Nur die Wandervögel, die
Einem jede Poesie
Und den Appetit verleiden,
Mocht ich meiden.

Alle Tiroler sind
Keine Amerikaner.
Wäre ich eine Mutter mit Kind,
Ich nährte mein Kind mit Terlaner.

Im Kursalon in Kitzbühel
Da ist des Nachts der Sekt so kühel.
Ich muss die Gäste loben,
Die zur Musik dort oben
So vornehm tanzen und schweigen,
Um ja nicht mehr zu zeigen
Als ihre hochmodernen Garderoben.

Ich möchte ein wilder Gebirgsbach sein,
Klar, schäumend, rauschend und blinkend,
Unhaltsam kämpfend von Stein zu Stein
Mich an mir selber betrinkend.

Dass ich mein Kragenknöpfchen verlor,
Kommt schließlich auch einmal anderwärts vor.
Du, mein einziges Tirol,
Lebe wohl! Lebe wohl!

ALTE WINKELMAUER

Alte Mauer, die ich oft benässe,
Weil's dort dunkel ist.
Himmlisches Gefunkel ist
In deiner Blässe.

Pilz und Feuchtigkeiten
Und der Wetterschliff der Zeiten
Gaben deiner Haut
Wogende Gesichter,

Die nur ein Dichter
Oder ein Künstler
Oder Nureiner schaut.

»Können wir uns wehren?«
Fragt's aus dir mild.
Ach, kein Buch, kein Bild
Wird mich so belehren.

Was ich an dir schaute,
Etwas davon blieb
Immer. Nie vertraute
Mauer, dich hab' ich lieb.

Weil du gar nicht predigst.
Weil du nichts erledigst.
Weil du gar nicht willst sein.
Weil mir deine Flecken
Ahnungen erwecken.
Du, eines Schattens Schein.

Nichts davon wissen
Die, die sonst hier pissen,
Doch mir winkt es: Komm!
Seit ich dich gefunden,
Macht mich für Sekunden
Meine Notdurft an dir fromm.

Das Lied von der Hochseekuh

(Chanty zum Tauziehen)

Zwölf Tonnen wiegt die Hochseekuh.
Sie lebt am Meeresgrunde.
Ohei! – – Uha!
Sie ist so dumm wie ich und du
Und läuft zehn Knoten in der Stunde.
Ohei! – – Uha!

Sie taucht auch manchmal aus dem Meer
Und wedelt mit dem Schweife.
Ohei! – – Uha!
Und dann bedeckt sich rings umher
Das Meer mit Schaum von Seife.
Ohei! – – Uha!

Die Kuh hat einen Sonnenstich
Und riecht nach Zimt und Nelken.
Ohei! – – Uha!
Und unter Wasser kann sie sich
Mit ihren Hufen melken.
Ohei! – – Uha!

EHEMALIGER SEEMANN

Gestern hab' ich mitten zwischen Witzen,
Unter trunknen Weibern, geilen Fritzen
Allen Einklang plötzlich durchgebrochen
Und – es gab sich so – gut über Gott gesprochen.
Heute stach die Post in unsre Not,
Brachte mehr Geld, als ich sehr sehr brauchte.
Unser Schornstein rauchte,
Und der Bäcker neigte sich devot.
Wurst und Butter hüpften frech aufs Brot.
Alles war mit Dankbarkeit getrüffelt.
Abends zechten wir im Freien.

Wäre – als wir singend, uns umschlingend, angesüffelt
Nachts heimkehrten – hinter uns, uns zweien,
Ein derzeit Bedrückter hergeschlichen,
Hätte sein und unser Los verglichen
Und gedacht, wie reich und hart wir seien – – –

Ach, ich möchte einmal wieder
Als Matrose im Atlantik kreuzen,
Um mein Herz und meine Lieder
In die wilden Wetter auszuschneuzen.

ICH HABE DICH SO LIEB

Ich habe dich so lieb!
Ich würde dir ohne Bedenken
Eine Kachel aus meinem Ofen
Schenken.

Ich habe dir nichts getan.
Nun ist mir traurig zu Mut.
An den Hängen der Eisenbahn
Leuchtet der Ginster so gut.

Vorbei – verjährt –
Doch nimmer vergessen.
Ich reise.
Alles, was lange währt,
Ist leise.

Die Zeit entstellt
Alle Lebewesen.
Ein Hund bellt.
Er kann nicht lesen.
Er kann nicht schreiben.
Wir können nicht bleiben.

Ich lache.
Die Löcher sind die Hauptsache
An einem Sieb.

Ich habe dich so lieb.

MEINEM LIEBEN PAPA ZUM WEIHNACHTSFEST 1892
VON HANS BÖTTICHER.

(Die Landpartie der Tiere)

An einem Sommertag,
Auf einem grünen Hag,
Fand sich der Tierverein
So gegen 4 Uhr ein.
Und was da ist passiert,
Das hab ich hier geschmiert.
Nun haltet Ruh,
Und hört mir zu:

Wir machen eine Partie,
Rief alles Vieh.

Aber wohin?
fragte die Spinn'.

Nach Connewitz!
Bellte der Spitz.

Ach ja!
Sagte die Krah.

Musik muss mit!
Schrie der Kiwit.

Nur viele Trompeten!
Quakten die Kröten.

Vergesst nicht die Trommel!
Rief die Rohrdommel.

Violinen, Violinen!
Baten die Bienen.

Das gibt ein Konzert!
Meinte das Pferd.

Wir fahren ist's euch recht?
Sagte der Hecht.

Jawohl!
Sprach der Pirol.

Ich fahr mit dem Kahn!
Krähte der Hahn.

So?
Sagte der Floh

Ich renne!
Rief die Henne.

Aber schnelle!
Rief die Gazelle,

Ach nein!
Grunzte das Schwein.

Was werden wir speisen?
Fragten die Ameisen.

Butterbröte,
Rief die Kröte.

Fladen!
Meinten die Maden.

Ich esse Leber!
Sprach der Eber.

Ich nehme Lende!
Erklärt die Ende.

Schmorbraten!
Wollten die Ratten.

Was wird getrunken?
Fragten die Unken.

Bowle!
Rief die Dohle.

Zuckerbier!
Brüllte der Stier.

Meinethalben!
Riefen die Schwalben.

Das trink ich nicht!
Sagte der Habicht.

Wir wollen einmal ruh'n!
Bat das Rebhuhn.

Kommt denn kein Wirtshaus?
Fragte die Fledermaus.

In einer Stund!
Sagt de Hund.

Noch so lange!
Seufzte die Schlange.

Ruh' ist viel wert!
Meinte das Nilpferd.

Ich tanz mit der Möwe!
Rief der Löwe.

Ei so galant!
Sprach der Elefant.

Ich tanz mit dem Faultier!
Wiehert das Maultier.

Ich trag einen Kranz!
Sagte die Gans.

Ich komm nicht vom Flecke!
Stöhnte die Schnecke.

Ich geh wieder nach Haus!
Gähnte der Strauß.

Wie schön ist der Himmel!
Sagte der Schimmel.

War ich heut brav?
Blökte das Schaf.

S' geht an!
Sagte der Pelikan.

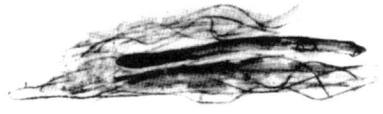

Du machtest Skandal!
Schalt der Aal.

Die Tüte ist leer!
Brummte der Bär.

Ich will zu Bett!
Schrie das Frett.

Ich geh!
Sprach das Reh.

Wo ist der Spiegel?
Rief der Igel.

Steigen Sie ein!
Schrien die Papagein.

Fahr zu!
Rief der Uhu.

Zu Befehl!
Sprachs Kamel.

Und nun ist's aus!
Sprach die Maus.

VOM SEEMANN KUTTEL DADDELDU

Eine Bark lief ein in Le Haver,
Von Sidnee kommend, nachts elf Uhr drei.
Es roch nach Himbeeressig am Kai,
Und nach Hundekadaver.

Kuttel Daddeldu ging an Land.
Die Rü Albani war ihm bekannt.
Er kannte nahezu alle Hafenplätze.

Weil vor dem ersten Hause ein Mädchen stand,
Holte er sich im ersten Haus von dem Mädchen die Krätze.

Weil er das aber natürlich nicht gleich empfand,
Ging er weiter, – kreuzte topplastig auf wilder Fahrt.
Achtzehn Monate Heuer hatte er sich zusammengespart.

In Nr. 6 traktierte er Eiwie und Kätchen,
In 8 besoff ihn ein neues straff lederbusiges Weib.
Nebenan bei Pierre sind allein sieben gediegene Mädchen,
Ohne die mit dem Celluloid-Unterleib.

Daddeldu, the old Seelerbeu Kuttel,
Verschenkte den Albatrosknochen,
Das Haifischrückgrat, die Schals,
Den Elefanten und die Saragossabuttel.
Das hatte er eigentlich alles der Mary versprochen,
Der anderen Mary; das war seine feste Braut.

Daddeldu – Hallo! Daddeldu,
Daddeldu wurde fröhlich und laut.

Er wollte mit höchster Verzerrung seines Gesichts
Partu einen Niggersong singen
Und »Blu beus blu«.
Aber es entrang sich ihm nichts.

Daddeldu war nicht auf die Wache zu bringen.
Daddeldu Duddel Kuttelmuttel, Katteldu
Erwachte erstaunt und singend morgens um vier
Zwischen Nasenbluten und Pomm de Schwall auf der Pier.

Daddeldu bedrohte zwecks Vorschuss den Steuermann,
Schwitzte den Spiritus aus. Und wusch sich dann.

Daddeldu ging nachmittags wieder an Land,
Wo er ein Renntiergeweih, eine Schlangenhaut,
Zwei Fächerpalmen und Eskimoschuhe erstand.
Das brachte er aus Australien seiner Braut.

DIE WEIHNACHTSFEIER DES SEEMANNS KUTTEL DADDELDU

Die Springburn hatte festgemacht
Am Petersenkai.
Kuttel Daddeldu jumpte an Land,
Durch den Freihafen und die stille heilige Nacht
Und an dem Zollwächter vorbei.
Er schwenkte einen Bananensack in der Hand.
Damit wollte er dem Zollmann den Schädel spalten,
Wenn er es wagte, ihn anzuhalten.
Da flohen die zwei voreinander mit drohenden Reden.
Aber auf einmal trafen sich wieder beide im König von Schweden.

Daddeldus Braut liebte die Männer vom Meere,
Denn sie stammte aus Bayern.
Und jetzt war sie bei einer Abortfrau in der Lehre,
Und bei ihr wollte Kuttel Daddeldu Weihnachten feiern.

Im König von Schweden war Kuttel bekannt als Krakehler.
Deswegen begrüßte der Wirt ihn freundlich: »Hallo old sailer!«
Daddeldu liebte solch freie herzhafte Reden,

Deswegen beschenkte er gleich den König von Schweden.

Er schenkte ihm Feigen und sechs Stück Kolibri
Und sagte: »Da nimm, du Affe!«
Daddeldu sagte nie »Sie«.
Er hatte auch Wanzen und eine Masse
Chinesischer Tassen für seine Braut mitgebracht.

Aber nun sangen die Gäste »Stille Nacht, Heilige Nacht«,
Und da schenkte er jedem Gast eine Tasse
Und behielt für die Braut nur noch drei.
Aber als er sich später mal darauf setzte,
Gingen auch diese versehentlich noch entzwei,
Ohne dass sich Daddeldu selber verletzte.

Und ein Mädchen nannte ihn Trunkenbold
Und schrie: Er habe sie an die Beine geneckt.
Aber Daddeldu zahlte alles in englischen Pfund in Gold.
Und das Mädchen steckte ihm Christbaumkonfekt
Still in die Taschen und lächelte hold
Und goss noch Genever zu dem Gilka mit Rum in den Sekt.
Daddeldu dachte an die wartende Braut.
Aber es hatte nicht sein gesollt,

Denn nun sangen sie wieder so schön und so laut.
Und Daddeldu hatte die Wanzen noch nicht verzollt,
Deshalb zahlte er alles in englischen Pfund in Gold.

Und das war alles wie Traum.
Plötzlich brannte der Weihnachtsbaum.
Plötzlich brannte das Sofa und die Tapete,
Kam eine Marmorplatte geschwirrt,
Rannte der große Spiegel gegen den kleinen Wirt.
Und die See ging hoch und der Wind wehte.

Daddeldu wankte mit einer blutigen Nase
(Nicht mit seiner eigenen) hinaus auf die Straße.
Und eine höhnische Stimme hinter ihm schrie:
»Sie Daddel Sie!«
Und links und rechts schwirrten die Kolibri.

Die Weihnachtskerzen im Pavillon an der Mattentwiete erloschen.
Die alte Abortfrau begab sich zur Ruh.
Draußen stand Daddeldu
Und suchte für alle Fälle nach einem Groschen.
Da trat aus der Tür seine Braut
Und weinte laut:
Warum er so spät aus Honolulu käme?
Ob er sich gar nicht mehr schäme?
Und klappte die Tür wieder zu.

An der Tür stand: »Für Damen«.

Es dämmerte langsam. Die ersten Kunden kamen,
Und stolperten über den schlafenden Daddeldu.

KUTTEL DADDELDU UND FÜRST WITTGENSTEIN

Daddeldu malte im Hafen mit Teer
Und Mennig den Gaffelschoner Claire.
Ein feiner Herr kam daher,
Blieb vor Daddeldun stehn
Und sagte: »Hier sind fünfzig Pfennig,
Lieber Mann, darf man wohl mal das Schiff besehn?«
Daddeldu stippte den Quast in den Mennig,
Dass es spritzte, und sagte: »Fünfzig ist wenig.
Aber, God demm, jedermann ist kein König.«
Und der Fremde sagte verbindlich lächelnd: »Nein,
Ich bin nur Fürst Wittgenstein.«
Daddeldu erwiderte: »Fürst oder Lord –
Scheiß Paris! Komm nur an Bord.«
Wittgenstein stieg, den Teerpott in seiner zitternden Hand,
Hinter Kutteln das Fallreep empor und kriegte viel Sand
In die Augen, denn ein schwerer Stiefel von Kut-
Tel Daddeldu stieß ihm die Brillengläser kaputt,
Und führte ihn oben von achtern nach vorn
Und von Luv nach Lee.
Und aus dem Mastkorb fiel dann das Brillengestell aus Horn,
Und im Kettenkasten zerschlitzte der Cutaway.

Langsam wurde der Fürst heimlich ganz still.
Daddeldu erklärte das Ankerspill.
Plötzlich wurde Fürst Wittgenstein unbemerkt blass.
Irgendwas war ihm zerquetscht und irgendwas nass.
Darum sagte er mit verbindlichem Gruß:
»Vielen Dank, aber ich muss – – –«
Daddeldu spuckte ihm auf die zerquetschte Hand
Und sagte: »Weet a Moment, ich bringe dich noch an Land.«

Als der Fürst unterwegs am Ponte San Stefano schmollte,
Weil Kuttel durchaus noch in eine Osteria einkehren wollte,
Sagte dieser: »Oder schämst du dich etwa vielleicht?«
Da wurde Fürst Wittgenstein wieder erweicht.
Als sie dann zwischen ehrlichen Sailorn und Dampferhallunken
Vier Flaschen Portwein aus einem gemeinsamen Becher getrunken,
Rief Kuttel Daddeldu plötzlich mit furchtbarer Kraft:
»Komm, alter Fürst, jetzt trinken wir Brüderschaft.«
Und als der Fürst nur stumm auf sein Chemisette sah,
Fragte Kuttel: »Oder schämst du dich etwa?«
Wittgenstein winkte ab und der Kellnerin.
Die schob ihm die Rechnung hin.
Und während der Fürst die Zahlen mit Bleistiftstrichen
Anhakte, hatte Kuttel die Rechnung beglichen.

Der Chauffeur am Steuer knirschte erbittert.
Daddeldu hatte schon vieles im Wagen zersplittert,
Während er dumme Kommandos in die Straßen und Gassen
Brüllte. »Hart Backbord!« »Alle Mann an die Brassen!«
Rasch aussteigend fragte Fürst Wittgenstein:
»Bitte, wo darf ich Sie hinfahren lassen?«
Aber Daddeldu sagte nur: »Nein!«
Darauf erwiderte jener bedeutend nervös:
»Lieber Herr Seemann, seien Sie mir nicht bös;
Ich würde Sie bitten, zu mir heraufzukommen,
Aber leider – –« Daddeldu sagte: »Angenommen!«
Auf der Treppe bat dann Fürst Wittgenstein
Den Seemann inständig:
Um Gottes willen doch ja recht leise zu sein;
Und während er später eigenhändig
Kaffee braute – und goss in eine der Tassen viel Wasser hinein, –
Prüfte Kuttel nebenan ganz allein,
Verblüfft, mit seinen hornigen Händen

Das Material von ganz fremden Gegenständen.
Bis ihm zu seinem Schrecken der fünfte
Zerbrach. – Da rollte er sich in den großen Teppich hinein.
Dann kam mit hastigen Schritten
Der Kaffee. Und Fürst Wittgenstein
Sagte, indem er die Stirne rümpfte:
»Nein, aber nun muss ich doch wirklich bitten – –
Das widerspricht selbst der simpelsten populären Politesse.«
Daddeldu lallte noch: »Halt' die Fresse!«

KUTTEL DADDELDU IM BINNENLAND

Schlafbrüchige Bürger von Eisenach
Tapsten ans Fenster. Denn draußen gab's Krach.
Da sang jemand, der eine Hängematte
Und ein Geigenfutteral auf dem Rücken hatte.
Und ließ auch Töne frei, die man besser
Sich aufspart für Sturmfahrten im Auslandsgewässer.

Zehn Jahre zuvor und von Eisenach sehr entfernt
Hatte Daddeldu bei Schwedenpunsch, Whisky, Rotwein und Kuchen
In Grönland eine Gräfin Pantowsky kennen gelernt,
Die hatte gesagt: »Sie müssen mich mal besuchen.«
Und zehn Jahre lang merkte sich Kuttel genau:
Eisenach, Burgstraße 16, dicke, richtig anständige Frau.

Auch studierte bei Eisenach oder Wiesbaden herum
Sein Schwager zoologisches Studium;
Für den schleppte Kuttel in dem Futteral
Seit Bombay ein seltenes Geschenk herum.

Nun, nach dem Untergange der Lotte Bahl,
Wollte er Schwager und Gräfin sozusagen
Mit zwei Fliegen auf einer Klappe schlagen.

Rief also jetzt die nächtlichen Thüringer Leutchen
Mit englischen Fragen an. Später mit deutschen.
Aber die Gräfin Pantowsky kannte keiner.
Und auf einmal las Kuttel an Luvseite »Zum Rodensteiner«
Und kalkulierend, dass dort was zu trinken sei,
Klopfte er. Teils vergeblich und teils entzwei.

Weil weder Wirts- noch Freudenhaus noch Retirade
Sich öffneten, sagte Daddeldu: »Schade«.
Fand aber weitersteigend und unverdrossen
Das Haus Burgstraße 16. Leider verschlossen.
Die Tür zum Gräflich Pantowskyschen Zwetschengarten
Zersplitterte. Daddeldu hatte beschlossen zu warten.

Mittags im Pensionat Kurtius
Bewarfen die Mädchen nach Unterrichtsschluss
Mit Stöpseln und leeren Konservendosen
Einen furchtbaren Kerl, der mit buchtigen Hosen
Und einem imposanten Revers
Zwischen Ästen in Höhe des Hochparterres
In einer Hängematte schlief
Und nicht reagierte auf das, was man rief.
Als er doch endlich halbwegs erwachte,
Weil von zwei Bäumen einer zur Erde krachte,
Spritzten die Mädchen dem Manne Eau de Kolon ins Gesicht.
Aber die Gräfin Pantowsky kannten sie nicht.
Und verwirrt über die Falschheit des Binnenlands
Nannte Kuttel die Vorsteherin »Alte Spinatgans!«
Und taumelte schlaftrunken, römische Flüche stammelnd, zu Tal,
Mit Hängematte, doch ohne das Dingsfutteral.

Alsbald, von wegen das Taumeln und Stammeln,
Begannen sich Kinder um ihn zu sammeln.
Und der Kinder liebende Daddeldu,
Nur um die Kinder zu amüsieren,
Fing an, noch stärker nach rechts und nach links auszugieren,
Als ob er betrunken wäre. Und brüllte dazu:
»The whole life is vive la merde!«
Und wurde so polizeilich eingesperrt.
An Gräfin Pantowsky glaubte dort keiner.
Und der unglücklich nüchterne Daddeldu
Gab den zerbrochenen Rodensteiner,
Gab alles andre Gefragte eilig zu
Und drehte – ohne Tabak – in der Nacht
Wie ein Log zwölf Knoten ins hölzerne Lager,
Oder vielmehr in die Hängematte.
Weil er das schöne Geschenk für den Schwager
In der Mädchenpension vergessen hatte.
Gewiss war das Futteral schon erbrochen,
Und das Geschenk war herausgekrochen
Und hatte vielleicht schon wer-weiß-wen gestochen.

Später im D-Zug, unter der Bank hinter lauter ängstlichen Beinen,
Fing Daddeldu plötzlich an, zum einzigsten Male zu weinen
(Denn später weinte er niemals mehr.) – –
Beide Flaschen Eau de Kolon waren leer.

Kuttel Daddeldu und die Kinder

Wie Daddeldu so durch die Welten schifft,
Geschieht es wohl, dass er hie und da
Eins oder das andre von seinen Kindern trifft,
Die begrüßen dann ihren Europapa:
»Gud morning! – Sdrastwuide! – Bong Jur, Daddeldu!
Bon tscherno! Ok phosphor! Tsching – tschung! Bablabü!«
Und Daddeldu dankt erstaunt und gerührt
Und senkt die Hand in die Hosentasche
Und schenkt ihnen, was er so bei sich führt,
– – Whiskyflasche,
Zündhölzer, Opium, türkischen Knaster,
Revolverpatronen und Schweinsbeulenpflaster,
Gibt jedem zwei Dollar und lächelt: »Ei, ei!«
Und nochmals: »Ei, Ei!« – Und verschwindet dabei.

Aber Kindern von deutschen und dänischen Witwen
Pflegt er sich intensiver zu widmen.
Die weiß er dann mit den seltensten Stücken
Aus allen Ländern der Welt zu beglücken.
Elefantenzähne – Kamerun,
Mit Kognak begossnes malaiisches Huhn,
Aus Friedrichroda ein Straußenei,
Aus Tibet einen Roman von Karl May,
Einen Eskimoschlips aus Giraffenhaar,
Auch ein Stückchen versteinertes Dromedar.

Und dann spielt der poltrige Daddeldu
Verstecken, Stierkampf und Blindekuh,
Markiert einen leprakranken Schimpansen,
Lehrt seine Kinderchen Bauchtanz tanzen
Und Schiffchen schnitzen und Tabak kauen.
Und manchmal, in Abwesenheit älterer Frauen,
Tätowiert er den strampelnden Kleinchen
Anker und Kreuze auf Ärmchen und Beinchen.

Später packt er sich sechs auf den Schoß
Und lässt sich nicht lange quälen,
Sondern legt los:
Grog saufen und dabei Märchen erzählen;
Von seinem Schiffbruch bei Feuerland,
Wo eine Woge ihn an den Strand
Auf eine Korallenspitze trieb,
Wo er dann händeringend hängen blieb.
Und hatte nichts zu fressen und saufen;
Nicht mal, wenn er gewollt hätte, einen Tropfen Trinkwasser,
um seine Lippen zu benetzen,
Und kein Geld, keine Uhr zum Versetzen.
Außerdem war da gar nichts zu kaufen;
Denn dort gab's nur Löwen mit Schlangenleiber,
Sonst weder keine Menschen als auch keine Weiber.
Und er hätte gerade so gern einmal wieder
Ein kerniges Hamburger Weibstück besucht.
Und da kniete Kuttel nach Osten zu nieder.
Und als er zum drittenmal rückwärts geflucht,
Da nahte sich plötzlich der Vogel Greif,
Und Daddeldu sagte: »Ei wont ä weif.«
Und der Vogel Greif trug ihn schnell
Bald in dies Bordell, bald in jenes Bordell
Und schenkte ihm Schlackwurst und Schnaps und so weiter. –
So erzählt Kuttel Daddeldu heiter, –
Märchen, die er ganz selber erfunden.
Und säuft. – Es verfließen die Stunden.
Die Kinder weinen. Die Märchen lallen.
Die Mutter ist längst untern Tisch gefallen,
Und Kuttel – bemüht, sie aufzuheben –
Hat sich schon zweimal dabei übergeben.
Und um die Ruhe nicht länger zu stören,
Verlässt er leise Mutter und Göhren.

Denkt aber noch tagelang hinter Sizilien
An die traulichen Stunden in seinen Familien.

RITTER SOCKENBURG

Wie du zärtlich deine Wäsche in den Wind
Hängst, liebes Kind
Vis à vis,
Diesen Anblick zu genießen,
Geh ich, welken Efeu zu begießen.
Aber mich bemerkst du nie.

Deine vogelfernen, wundergroßen
Kinderaugen, ach erkennen sie
Meiner Sehnsucht süße Phantasie,
Jetzt ein Wind zu sein in deinen Hosen –?

Kein Gesang, kein Pfeifen kann dich locken.
Und die Sehnsucht lässt mir keine Ruh.
Ha! Ich hänge Wäsche auf, wie du!
Was ich finde. Socken, Herrensocken;
Alles andre hat die Waschanstalt.
Socken, hohle Junggesellenfüße
Wedeln dir im Winde wunde Grüße.
Es ist kalt auf dem Balkon, sehr kalt.

Und die Mädchenhöschen wurden trocken,
Mit dem Winter kam die Faschingszeit.
Aber drüben, am Balkon, verschneit,
Eisverhärtet, hingen hundert Socken.

Ihr Besitzer lebte fern im Norden
Und war homosexuell geworden.

DER WILDE MANN VON FELDAFING

Er schien zum Kriegsmann geboren.
Er trug nach allen Seiten hin Bart.
Selbst seine Beine waren behaart
Und steckten in Stiefeln mit Sporen.
Und trutzig über der Schulter hing
Ihm ein gewichtig Gewehr.
Mit gerunzelter Stirne ging
Er auf dem Bahnhof von Feldafing
Hin und her.
Und stehend, stolz und schulterbreit
Fuhr er dann zwei Stationen weit.
Die Kinder bestaunten ihn sehr.
Doch ehe noch ein Tag verging,
Schritt er schon wieder durch Feldafing
Mit einem Rucksack schwer.
Doch weil es so stark regnete,
Dass niemand ihm begegnete,
Ärgerte er sich sehr.
Als er durch seinen Garten schritt,
Sang dort ein Vögelchen Kiwitt,
Da griff er zum Gewehr:
Puff!!!

Ein kurzes Röchelchen –
Ein kleines Löchelchen –
Dann eine Katze – und etwas später:
Ein kleines Knöchelchen
Und eine Feder. –

Der wilde Mann von Feldafing.

Schenken

Schenke groß oder klein,
Aber immer gediegen.
Wenn die Bedachten
Die Gaben wiegen,
Sei dein Gewissen rein.

Schenke herzlich und frei.
Schenke dabei,
Was in dir wohnt
An Meinung, Geschmack und Humor,
So dass die eigene Freude zuvor
Dich reichlich belohnt.

Schenke mit Geist ohne List.
Sei eingedenk,
Dass dein Geschenk
Du selber bist.

Trüber Tag

Zu Hause heulten die Frauen:
Das tote Kind sah aus wie Schnee.
Wir gingen, nur mein Bruder und ich, in See.
Dem Wetter war nicht zu trauen.
Wir fischten lauter Tränen aus dem Meer,
Das Netz war leer.

SCHLUMMERLIED

Will du auf Töpfchen?
Fühlst du ein Dürstchen?
Oder ein Würstchen?

Senke dein Köpfchen.

Draußen die schwarze, kalte
Nacht ist böse und fremd.
Deine Hände falte.
Der liebe Gott küsst dein Hemd.

Gute Ruh!
Ich bin da,
Deine Mutter, Mama;
Müde wie du.

Nichts mehr sagen –
Nicht fragen –
Nichts wissen –
Augen zu.
Horch in dein Kissen:
Es atmet wie du.

Angstgebet in Wohnungsnot

(1923)

Ach, lieber Gott, gib, dass sie nicht
Uns aus der Wohnung jagen.
Was soll ich ihr denn noch sagen –
Meiner Frau – in ihr verheultes Gesicht!?

Ich ringe meine Hände.
Weil ich keinen Ausweg fände,
Wenn's eines Tags so wirklich wär:
Bett, Kleider, Bücher, mein Sekretär, –
Dass das auf der Straße stände.

Sollt ich's versetzen, verkaufen?
Ist all doch nötigstes Gerät.
Wir würden, einmal, die Not versaufen,
Und dann: Wer weiß, was ich tät.

Ich hänge so an dem Bilde,
Das noch von meiner Großmama stammt.
Gott, gieße doch etwas Milde
Über das steinerne Wohnungsamt.

Wie meine Frau die Nacht durchweint,
Das barmt durch all meine Träume.
Gott, lass uns die lieben zwei Räume
Mit der Sonne, die vormittags hinein scheint.

SEEPFERDCHEN

Als ich noch ein Seepferdchen war,
Im vorigen Leben,
Wie war das wonnig, wunderbar
Unter Wasser zu schweben.
In den träumenden Fluten
Wogte, wie Güte, das Haar
Der zierlichsten aller Seestuten,
Die meine Geliebte war.
Wir senkten uns still oder stiegen,
Tanzten harmonisch um einand,
Ohne Arm, ohne Bein, ohne Hand,
Wie Wolken sich in Wolken wiegen.
Sie spielte manchmal graziöses Entfliehn,
Auf dass ich ihr folge, sie hasche,
Und legte mir einmal im Ansichziehn
Eierchen in die Tasche.
Sie blickte traurig und stellte sich froh,
Schnappte nach einem Wasserfloh
Und ringelte sich
An einem Stengelchen fest und sprach so:
Ich Hebe dich!
Du wieherst nicht, du äpfelst nicht,
Du trägst ein farbloses Panzerkleid
Und hast ein bekümmertes altes Gesicht,
Als wüsstest du um kommendes Leid.
Seestütchen! Schnörkelchen! Ringelnass!
Wann war wohl das?
Und wer bedauert wohl später meine restlichen Knochen?
Es ist beinahe so, dass ich weine –
Lollo hat das vertrocknete, kleine
Schmerzverkrümmte Seepferd zerbrochen.

DAS KARTENSPIEL

Vier Männer zogen sich zurück,
Schlossen sich ein, und drei
Von ihnen versuchten ihr Glück,
Spielten Karten.
Draußen im Garten
Blühte der Mai.
Im schwülen Zimmer saßen die
Männer bei ihren Karten.
Ihre Weiber ließen sie
Draußen weinen und warten.

Und spielten Spiel um Spiel zu dritt,
Und jeder schwitzte.
Der vierte Mann sah zu, kibit –
Kibitzte.

Geld hin – Geld her – Geld her – Geld hin –
Verlust – Gewinn –
Nach Kartengemisch.
Es wurde gebucht,
Gereizt und geflucht.
Man schlug auf den Tisch.
Man witzelte seicht.
Hätte Pikdame statt Karozehn

Den Buben genommen,
Dann wäre vielleicht
Alles anders gekommen.

Und noch einmal und noch und noch,
Verbissen und besessen. –
Ein Lüftchen kam durchs Schlüsselloch,
Roch nach verbranntem Essen.

Der König fiel.
Das letzte Spiel,
Das allerletzte Spiel begann.
Und wieder stach die Karozehn.
Der vierte Mann,
Der nichts getan als zugesehn,
Gewann.

Vier gähnende Männer gingen
Hinaus ins Morgengraun.
Draußen hingen
Am Gartenzaun
Vier vertrocknete Fraun.

HEIMATLOSE

Ich bin fast
Gestorben vor Schreck:
In dem Haus, wo ich zu Gast
War, im Versteck,
Bewegte sich,
Regte sich
Plötzlich hinter einem Brett
In einem Kasten neben dem Klosett,
Ohne Beinchen,
Stumm, fremd und nett
Ein Meerschweinchen.
Sah mich bange an,
Sah mich lange an,
Sann wohl hin und sann her,
Wagte sich
Dann heran
Und fragte mich:
»Wo ist das Meer?«

DIE LEIPZIGER FLIEGE

Ob wohl die Fliegen Eier in uns legen,
Wenn sie so lange auf uns sitzen bleiben
Und wir sie, weil wir schlafen, nicht vertreiben?

Man sollte seinen Körper viel mehr pflegen,
Die Fliege, die mich darauf brachte,
Als ich in meinem Mietslogis erwachte,
War eine greisenhafte und ergraute,

Dass ich nur zaghaft mir getraute,
Sie wenigstens ein bisschen totzuschlagen.

Sie sterben im November sowieso
In Leipzig. (Später als wie anderswo.)
Wie können Sterbende doch oft noch plagen,
Das Alter stimmt nicht immer mild.

Sie sind unheimlich dann und boshaft wild.

Doch unter solcher feuchten Sumpfluft leiden
Alle. Leipzig hat seinen Hustenreiz.
Man sollte im November Leipzig meiden,
Nach Frankreich reisen oder in die Schweiz.
Die Fliege hat mir alle Lust genommen.
Ich bin nicht wach und bin auch nicht im Schlaf.
Als müsste ein Gewitter kommen.

Obwohl ein Blitz je eine Fliege traf?

DER BÜCHERFREUND

Ob ich Biblio- was bin?
Phile? »Freund von Büchern« meinen Sie?
Na, und ob ich das bin!
Ha! und wie!

Mir sind Bücher, was den andern Leuten
Weiber, Tanz, Gesellschaft, Kartenspiel,
Turnsport, Wein, und weiß ich was, bedeuten.
Meine Bücher – – – wie beliebt? Wie viel?

Was, zum Henker, kümmert mich die Zahl.
Bitte, doch mich auszureden lassen.
Jedenfalls: viel mehr, als mein Regal
Halb imstande ist zu fassen.

Unterhaltung? Ja, bei Gott, das geben
Sie mir reichlich. Morgens zwölfmal nur
Nüchtern zwanzig Brockhausbände heben – – –
Hei! das gibt den Muskeln die Latur.

Oh, ich musste meine Bücherei,
Wenn ich je verreiste, stets vermissen.
Ob ein Stuhl zu hoch, zu niedrig sei,
Sechzig Bücher sind wie sechzig Kissen.

Ja natürlich auch vom künstlerischen
Standpunkt. Denn ich weiß die Rücken
So nach Gold und Lederton zu mischen,
Dass sie wie ein Bild die Stube schmücken.

Äußerlich? Mein Bester, Sie vergessen
Meine ungeheure Leidenschaft,
Pflanzen fürs Herbarium zu pressen.
Bücher lasten, Bücher haben Kraft.

Junger Freund, Sie sind recht unerfahren,
Und Sie fragen etwas reichlich frei.
Auch bei andern Menschen als Barbaren
Gehen schließlich Bücher mal entzwei.

Wie? – ich jemals auch in Büchern lese??
Oh, Sie unerhörter Ese – – –
Nein, pardon! – Doch positus, ich säße
Auf dem Lokus, und Sie harrten
Draußen meiner Rückkehr, ach dann nur
Ja nicht länger auf mich warten.
Denn der Lokus ist bei mir ein Garten,
Den man abseits ohne Zeit und Uhr
Düngt und erntet dann Literatur.

Bücher – Nein, ich bitte Sie inständig:
Nicht mehr fragen! Lass dich doch belehren!
Bücher, auch wenn sie nicht eigenhändig
Handsigniert sind, soll man hoch verehren.
Bücher werden, wenn man will, lebendig.
Über Bücher kann man ganz befehlen.
Und wer Bücher kauft, der kauft sich Seelen,
Und die Seelen können sich nicht wehren.

REKLAME

Ich wollte von gar nichts wissen.
Da habe ich eine Reklame erblickt,
Die hat mich in die Augen gezwickt
Und ins Gedächtnis gebissen.

Sie predigte mir von früh bis spät
Laut öffentlich wie im stillen
Von der vorzüglichen Qualität
Gewisser Bettnässer-Pillen.

Ich sagte: »Mag sein! Doch für mich nicht! Nein, nein!
Mein Bett und mein Gewissen sind rein!«

Doch sie lief weiter hinter mir her.
Sie folgte mir bis an die Brille.
Sie kam mir aus jedem Journal in die Quer
Und säuselte: »Bettnässer-Pille.«

Sie war bald rosa, bald lieblich grün.
Sie sprach in Reimen von Dichtem.
Sie fuhr in der Trambahn und kletterte kühn
Nachts auf die Dächer mit Lichtern.

Und weil sie so zähe und künstlerisch
Blieb, war ich ihr endlich zu Willen.
Es liegen auf meinem Frühstückstisch
Nun täglich zwei Bettnässer-Pillen.

Die isst meine Frau als »Entfettungsbonbon«.
Ich habe die Frau belogen.
Ein holder Frieden ist in den Salon
Meiner Seele eingezogen.

Was die Irre sprach

Wir armen Schizophrenen!
Wir sind nur ein Begriff.
Wir lassen uns endlos dehnen.
Aber es war ein englisches Schiff.

Ich weiß, Sie möchten was fragen;
Seien sie ruhig ganz streng zu mir.
Sie sind nur glücklich, und ein Tier –
Muss man treten und schlagen.

Die Blicke sind selbstverständlich
Bei Kapitänen Befehle.
Ich habe auch Eure Seele,
Aber – die Schwester lügt. Sie lügt schändlich.

Vielleicht ist Hingeben Schande.
Kein Tier weiß, was es redlich tut.
So wahr er tausend Meter vom Lande –
Amen – im Wasser ruht.

Nein danke! Ich bin nicht müde.
Oder spreche ich Ihnen zu viel? –
Die Quintessenz der Güte
Liegt schließlich nicht im Peitschenstiel.

Er hebt oder senkt die Blüte. –
Nun aber genug im grausamen Spiel.
Sie haben doch recht! Ich bin müde.

Living or dead – Mir riecht sich das gleich.
Aber wären Sie englisch ersoffen,
Sie kämen vielleicht auch ins Himmelreich. –
Amen. – Wir wollen es hoffen. –
Jetzt ist er zum ersten Male weich.

Sehen sie nur: Wie der Oberarzt schaut!
Er soll viel strenger zu mir sein.
Ich bin doch allein. Weil ich ein Schwein
Bin. Ich bin eine Seemannsbraut
Tausend Meter vom Lande. –
Die Schwester hält das für Schande.

Ihr schmutziges Volk! Euer Captain ist fort. –
Nie wieder die Stiefel lecken muss.
Ja, führt mich hinaus! Wir treffen uns dort. –
Wo Anfang ist, da ist auch ein Schluss.
Weil Ihr uns um unser freieres Sehnen
Beneidet. – Hier fragt sich: Wer führt das Wort?
Ihr armen Schizophrenen.

DIE WAISENKINDER

Zwanzig grobe Strohhüte gehen
Zwei und zwei wie Militär.
Zwanzig schwarze Pelerinchen wehen,
Als wenn's zum Begräbnis wär.

Magre Lehrerin voraus,
Hinten magre zweite,
Eine dritte an der Seite,
Also zieht aus engem Haus
Eine Schlange in die Weite.

Hilfe! Mideid! Und Beschwerde!
Zwanzig arme Waisenkinder,
Streng getrieben, eine Herde
Junger Rinder –.

Weil mich meine Mutter knufft,
Und um Stärkres zu vermeiden,
Sag ich: »Ja, man lässt sie weiden
In der frischen, freien Luft.«

»Weiden? – Dummheit! Siehst du nicht,
Was hier vorgeht, roher Bengel!
Junge Blumen brauchen Licht,
Wärme, Erde, Wurzel, Stengel –.«

»Manche brauchen Mist, Mama,
Weil sie anderes vermissen,
Und der ist – wer kann es wissen –
Hier vielleicht sehr reichlich da.«

Meine Mutter ruckt, – schluckt:

»Treibt mit diesen Engeln Spott!
Und mich will er nicht verstehen.
Warte, dir wird's schlimm ergehen!
Und das wünsch ich dir. Bei Gott.«

Meine Mutter dreht
Rücken zu und geht.

Und nun sauf ich wo, wo keine
Rinder, Blumen, Engel sind,
Bin für mich oder für meine
Mutter Naseweisenkind.

MISSMUT

Ein Rauch verweht.
Ein Wasser verrinnt.
Eine Zeit vergeht.
Eine neue beginnt.
Warum? Wozu?
Denk' ich dein Fleisch hinweg, so bist
Du ein dünntrauriges Knochengerüst,
Allerschönstes Mädchen du.

Wer hat das Fragen aufgebracht?
Unsere Not.
Wer niemals fragte, wäre tot.
Doch kommt's drauf an, wie jemand lacht.

Bist du aus schlimmem Traum erwacht,
Ist eine Postanweisung da,
Ein Telegramm, ein guter Brief, –
Du atmest tief
Wie eine Ziehharmonika.

LIEDCHEN

Die Zeit vergeht.
Das Gras verwelkt
Die Milch entsteht.
Die Kuhmagd melkt.

Die Milch verdirbt.
Die Wahrheit schweigt.
Die Kuhmagd stirbt.
Ein Geiger geigt.

GEWISSE JUNGE BURSCHEN

Seltsam schauen diese Jungen ins Leben,
Davon sie gar nichts begreifen,
In einer Zeit, da sie gar nichts erleben
Und eben deshalb so gesund reifen.

Drückt kein Gewehr sie, auch kein Ranzen.
Ohne zu ahnen, wissen sie.
Ohne zu fragen, beherrschen und tanzen
Sie sicher jede Zurzeit-Melodie.

Wie lange wird's währen?
Wer ist der erste Rohling, der spricht,
Um sie aufzuklären?
Ich wagte es nicht.

Und ihre Mädchen, vom gleichen Jahr,
Meist jünger sogar,
Lassen sich gern scheinbar lenken
Und empfinden wunderbar:
Er gibt uns gar nichts zu denken.

Gönnt doch den jungen, frischen
Tieren ihr freudiges Weichmaulgefräß.
Ihrem Zahnarzt entwischen
Sie doch nicht. Bestimmungsgemäß.

Neben mir, still, vom Ball abgewandt,
Steht so einer dergleichen.
Ich möchte so gern aus der flachen Hand
Ihm ein Stück Zucker reichen.

FLUGZEUGGEDANKEN

Dort unten ist die Erde mein
Mit Bauten und Feldern des Fleißes.
Wenn ich einmal nicht mehr werde sein,
Dann graben sie mich dort unten hinein,
Ich weiß es.

Dort unten ist viel Mühe und Not
Und wenig wahre Liebe. –
Nun stelle ich mir sekundenlang
Vor, dass ich oben hier bliebe,
Ewig, und lebte und wäre doch tot – –
O, macht mich der Gedanke bang.

Mein Herz und mein Gewissen schlägt
Lauter als der Propeller.
Du Flugzeug, das so schnell mich trägt,
Flieg schneller!

EINSAMER SPAZIERFLUG

Nun ich wie gestorben bin
Und wurde ein Engelein,
Fliege ich über dein Wohnhaus hin.
Häuschen klein.

Die du als Witwe wieder umworben
Sein magst,
Da ich doch schon verstorben
Bin –. Was du wohl sagst?
Ob du gefasst bist oder klagst?

Oder ob dein Humor wieder steht,
Du dessen eingedenk bist,
Dass ein aufrichtiges Gebet
Ein unterweges Selbstgeschenk ist?
Ach, wie es dir wohl geht?

Ob du dich verlassen meinst?
Ob du gar Gott verneinst,
Anstatt dass du dankbar bist.
Wüsste ich, dass du jetzt so weinst
Wie einst, da ich krank war,
Kippte ich die Maschine kurz
Steil ab auf Sturz.

Oder sollte einem Engelein
Solch ein Kegelpurz
Verboten sein??

FALLSCHIRMABSPRUNG MEINER BEGLEITERIN

Wie sie den Fallschirm mir zeigt und erklärt,
Kann ich nur halb zuhörn und zusehen.
Ich muss daran denken, wie ganz verkehrt
Oft Frauen mit ihren Schirmen umgehen.
Ich bin doch sonst kein solch Angstpeter.
Aber nun – – Und nun sind wir so weit,
Vielmehr so hoch. Etwa zweitausend Meter!
Wir erheben uns. »Alles bereit?«
Ich öffne die Türe.
»Gott soll Sie erhalten
Und Ihren seidenen Schirm entfalten.
Ich schösse mich tot, wenn ich jemals erführe – –«

Mir graust.
Das Frauenzimmer ist abgesaust.
Ich blicke ihr nach. Einmal überschlägt sie
Sich, wird ein Punkt, dann ein Pünktchen, und, ach,
Plötzlich ein sonnig blitzendes Dach,
Und ich weiß: Das Dach trägt sie.

Ich schließe die Türe und reiße die Watte
Aus meinen Ohren. Ich fühle mich frei
Und sicher. Und ärgre mich doch dabei,
Weil sie mehr Schneid als ich hatte.

EIN FREUND ERZÄHLT MIR

»Ich sah auf der Wiese – Oskar ist Zeuge –
Eine Dame sich aus der Kniebeuge
Langsam erheben
Und vor ihr etwas wie Segeltuch schweben.
Eine tausendköpfige Menge gafft
Nach dieser Lady in Hosen aus Loden.
Dann, langsam, bläht sich das Segel und strafft
Seine Taue. Die ziehen die Dame vom Boden.
Und hoch in die Wolken. Grotesk anzuschauen.
Das Weib schwebt unter dem Schirm an den Tauen.
Dann schließt sich der Schirm, aber trägt dennoch sie
Höher und höher, man weiß gar nicht, wie.
Dann zeigt sich ein Flugzeug. Die Tür der Kabine
Steht offen, und aus der Öffnung sieht
Ein Mann mit einer Ringelnatzmiene.
(Es gibt doch wahrhaftig nicht viel solcher Nasen!)

Und wieder plötzlich – nein, alles geschieht
Ganz langsam – also unplötzlich neigt
Der Schirm sich nach unten. Die Dame steigt
Fußoberst weiter. Und solchermaßen,
Im Bogen, schweben der Schirm und die Dame
Ins Flugzeug hinein. Und sie oder du,
Einer von euch schlägt die Türe zu.«
Film. Rückwärts gedrehte Zeitlupenaufnahme.

Versöhnung

Es ließe sich alles versöhnen,
Wenn keine Rechenkunst es will.
In einer schönen,
Ganz neuen und scheuen
Stunde spricht ein Bereuen
So mutig still.

Es kann ein ergreifend Gedicht
Werden, das kurze Leben,
Wenn ein Vergeben
Aus Frömmigkeit schlicht
Sein Innerstes spricht.

Zwei Liebende auseinandergerissen:
Gut wollen und einfach sein!
Wenn beide das wissen,
Kann ihr Dach wieder sein Dach sein
Und sein Kissen ihr Kissen.

An der Alten Elster

Wenn die Pappeln an dem Uferhange
Schrecklich sich im Sturme bogen,
Hu, wie war mir kleinem Kinde bange! –
Drohend gelb ist unten Fluss gezogen.

Jenseits, an der Pferdeschwemme,
Zog einmal ein Mann mit einer Stange
Eine Leiche an das Land.
Meine Butterbemme
Biss ein Hund mir aus der Hand. –
O wie war mir bange,
Als der große Hund plötzlich neben mir stand!

Längs des steilen Abhangs waren
Büsche, Höhlen, Übergangsgefahren. –

Dumme abenteuerliche Spiele ließen
Mich nach niemand anvertrauten Träumen
Allzu oft und allzu lange
Schulzeit, Gunst und Förderndes versäumen. –
Hulewind beugte die Pappelriesen.
O wie war mir bange!

Pappeln, Hang und Fluss, wo dieses Kind
So viel heimlichstes Erleben hatte,
Sind nicht mehr. Mir spiegelt dort der glatte
Asphalt Wolken, wie sie heute sind.

KINDERGEBETCHEN

Erstes

Lieber Gott, ich liege
Im Bett. Ich weiß, ich wiege
Seit gestern fünfunddreißig Pfund.
Halte Pa und Ma gesund.
Ich bin ein armes Zwiebelchen,
Nimm mir das nicht übelchen.

Zweites

Lieber Gott, recht gute Nacht.
Ich hab noch schnell Pipi gemacht,
Damit ich von dir träume.
Ich stelle mir den Himmel vor
Wie hinterm Brandenburger Tor
Die Lindenbäume.
Nimm meine Worte freundlich hin,
Weil ich schon sehr erwachsen bin.

Drittes

Lieber Gott mit Christussohn,
Ach schenk mir doch ein Grammophon.
Ich bin ein ungezognes Kind,
Weil meine Eltern Säufer sind.
Verzeih mir, dass ich gähne.
Beschütze mich in aller Not,
Mach meine Eltern noch nicht tot
Und schenk der Oma Zähne.

GIRAFFEN IM ZOO

Wenn sich die Giraffen recken,
Hochlaub sucht die spitze Zunge,
Das ihnen so schmeckt, wie junge
Frühkartoffeln mit Butter mir schmecken.

Hohe Hälse. Ihre Flecken
Sehen aus wie schön gerostet.
Ihre langsame und weiche
Rührend warme Schnauze kostet
Von dem Heu, das ich nun reiche.

Lauscht ihr Ohr nach allen Seiten,
Sucht nach wild vertrauten Tönen.

Da sie von uns weiter schreiten,
Träumt in ihren stillen, schönen
Augen etwas, was erschüttert,

Hoheit. So, als ob sie wüssten,
Dass nicht Menschen, sondern dass ein
Schicksal sie jetzt anders füttert.

LUSTIG QUASSELT

Lustig quasselt der seichte Bach.
Scheinchen scheppern darüber flach.
Stumm gegen die Wellchen steht ein Stein,
Sieht – wie mir scheint –
Ernst aus und verweint.

Denn es macht traurig, unbequem zu sein.

ÜBER MEINEN GESTRIGEN TRAUM

Wie kam ich gerade auf ein Gestirn?
Du sagst: Ich stöhnte träumend ganz laut.
Vielleicht steigt die Phantasie ins Hirn,
Wenn der Magen verdaut.

Man sollte kurz vorm Schlafengehen
Nichts essen. Auch war ich gestern bezecht.
Doch warum träume ich immer nur schlecht,
Nie gut. Das kann ich nicht verstehen.

Ob auf der Seite, ob auf dem Rücken
Oder auch auf dem Bauch – –
Immer nur Schlimmes. »Alpdrücken.«
Aber Name ist Schall und Rauch.

Meist von der Schule und vom Militär – –
Als ob ich schuldbeladen wär – –
Und wenn ich aufwache, schwitze ich,
Und manchmal knie ich oder sitze ich,
Du weißt ja, wie neulich!
O, es ist gräulich.

Warum man das überhaupt weitererzählt?
Hat doch niemand Vergnügen daran,
Weil man da frei heraus lügen kann. –
Aber so ein Traum quält.

Gestern hab ich noch anders geträumt:
Da waren etwa hundert Personen.
Die haben die Dachwohnung ausgeräumt,
Wo die Buchbinders wohnen.

Dann haben wir auf dem Dachsims getanzt.
Dann hast du mich, sagst du, aufgeweckt,
Und ich, sagst du, sagte noch träumend erschreckt:
»Ich habe ein Sternschnüppchen gepflanzt.«

Ich weiß nur noch: Ich war vom Dach
Plötzlich fort und bei dir und war wach.
Und du streicheltest mich wie ein Püppchen
Und fragtest mich – ach, so rührend war das –
Fragtest mich immer wieder: »Was
Hast du gepflanzt!? Ein Sternschnüppchen?«

MANILA

Als ein altes Tau durch derbe,
Doch verständniswarme Hände glitt,
Sagte eine Stimme: »Bob, ich sterbe,
Ehe Land in Sicht. Und du stirbst mit.«

Noch bevor die Stimme Antwort kriegte,
Kämpften sie: Vollschiff gegen Orkan.
Hatten oft gekämpft, bis eines siegte.
Und das andre war dann abgetan.

Nur ein Treibstück wurde aufgefunden.
Daran hingen kalt, ersoffen, blau
Zwei alte Matrosen, angebunden
Mit einem alten Tau.

HEIMWEG

Babette starb – noch vor erhoffter Zeit. –
Bei ihrer Nichte stand ein Sarg bereit.
Und diese Nichte fuhr mit ihrem Gatten
Nebst Leiche und mit Höchstgeschwindigkeit
Im Leichenauto zum Bestatten.

Doch was kommt in Berlin nicht alles vor;
Und eben deshalb hatte der Chauffeur
In einem Ladenfenster links am Brandenburger Tor
Malheur.

Aus Autotrümmern, Scherben und Korsetten
Zog man Chauffeur nebst Nichte, nebst Gemahl ganz tot hervor.

Die Leiche nur (wir sprechen von Babetten)
Vermochte sich zu retten.
Da sie zum Glück nur scheintot wesen war,
Ging sie jetzt heim und lächelte sogar.

RHEINKÄHNE

Den Rhein durchgleiten die großen
Kähne. Breit und flach.
Es sitzen zwei Badehosen
Auf dem hintersten Dach.

In diesen Hosen stecken
Zwei Männer, nackt und braun.
Die lieben das Tempo der Schnecken
Und schimpfen auf ihre Fraun.

Und mustern die fremden Weiber,
Die strandlängs promeniern.
Glauben doch oft nackte Leiber,
Dass sie an sich imponieren.

Wie ausgetretene Schuhe
Sind diese Kähne. Hat jeder Kahn
Solch friedlich häusliche Ruhe,
Hat keiner das Getue
Der preußischen Eisenbahn.

In jedem Kinderwagen
Am Strande rollt ein Kind.
Keins dieser Kinder wird fragen,
Was Schleppkähne sind.

AN MEINEN KAKTUS

Du alter Stachelkaks,
Du bist kein Bohnerwachs,
Kein Gewächs, das die Liebe sich pflückt,
Sondern du bist nur ein bisschen verrückt.

Ich weiß, dass du wenig trinkst.
Du hast auch keinerlei Duft.
Aber, ohne dass du selber stinkst,
Saugst du Stubenmief ein wie Tropenluft.

Du springst niemals Menschen an oder Vieh.
Wer aber mit Absicht oder versehentlich
Sich einmal auf dich
Setzte, vergisst dich nie.

Ein betrunkener, lachender Neger
Schenkte dich mir, du lustiges Kleines,
Dass ich den Vater ersetze dir kantigem Ableger
Eines verrückten, stets starren Stachelschweines.

DRAUSSEN SCHNEIT'S

Wir hatten ein Schaukelpferd vorher gekauft.
Aber nachher kam gar kein Kind.
Darum hatten wir damals das Pferd dann Bubi getauft. –

Weil nun die Holzpreise so unerschwinglich sind;
Und ich nun doch schon seit Donnerstag
Nicht mehr angestellt bin, weil ich nicht mehr mag;
Haben wir's eingeteilt. Und zwar:
Die Schaukel selbst für November,
Kopf und Beine Dezember,
Rumpf mit Sattel für Januar.

Ich gehe nie wieder in die Fabrik.
Ich habe das Regelmäßige dick.
Da geht das Künstlerische darüber abhanden.
Wenn die auch jede Woche bezahlen,
Aber nur immer Girlanden und wieder Girlanden
Auf Spucknäpfe malen,
Die sich die Leute doch nie begucken,
Im Gegenteil noch drauf spucken, – –
Das bringt ja ein Pferd auf den Hund.

Als freier Künstler kann ich bis mittags liegen
Bleiben. – Na und die Frau ist gesund.
Es wird sich schon was finden, um Geld beizukriegen.

Anna und ich haben vorläufig nun
Erst mal genug mit dem Bubi zu tun.
Rumpf zersägen, Beine rausdrehn,
Nägel rausreißen, Fell abschälen.
Darüber können Wochen vergehn.
Das will auch gelernt und verstanden sein,
Sonst kann man sich daran zu Tode quälen.
Solches Holz ist härter als Stein.
Dann spalten und Späne zum Anzünden schneiden
Und tausenderlei.
Aber das tut uns gut, uns beiden,
Sich mal so körperlich auszuschwitzen.

Außerdem kann man ja dabei
Ganz bequem auf dem Sofa sitzen;
Raucht seine Pfeife, trinkt seinen Tee,
Und vor allem: Man ist eben frei!
Man hat sein eigenes Atelier.
Man hat seinen eigenen Herd;
Da wird ein Feuerchen angemacht –
Mit Bubipferd –,
Dass die Esse kracht.
Und die Anna singt und die Anna lacht.

Da können wir nach Belieben
Die Arbeit auf später verschieben.
Denn wenn man das Gas uns sperren lässt
Oder kein Bier ohne Bargeld mehr gibt,
Dann kriechen wir gleich nach Mittag ins Nest
Und schlafen, solange es uns beliebt.

Freilich: Der feste Lohn fällt nun fort,
Aber die Freiheit ist auch was wert.
Und das mit dem Schaukelpferd
Ist jetzt unser Wintersport.

DER SÄNGER

Vor dem Debut soupierend saß,
Bei einer Frau, der Sänger.
Sie staunte über seinen Fraß
Und wurde immer länger.

Der Sänger auf die Bühne trat,
Schlicht, ohne sich zu rühmen.
Ein Hauch von Bier und Fleischsalat
Verlor sich in Parfümen.

Der Sänger sang das hohe C.
Der Beifall wuchs und tobte.
Die Dame in der Loge B
Stand auf und garderobte.

Der Sänger stürzte aus dem Haus
In den verschneiten Garten.
Die Dame folgte, einen Strauß
Auspackend, voll Erwarten.

Der Sänger lüpfte seinen Frack
Und duckte sich im Garten.
Es klang wie »Schlacht am Skagerrak«.
Die Dame musste warten.

Vom langen Stehn im nassen Schnee
Holt man sich Rheumatismus. –
Der Sänger mit dem hohen C
Kennt seinen Mechanismus.

Mein Wannenbad

Es muss wieder mal sein.
Also: Ich steige hinein
In zirka zwei Kubikmeter See.
Bis übern Bauch tut es weh.
Das Hähnchen plätschert in schamlosem Ton,
Ich atme und schnupfe den Fichtenozon,
Beobachte, wie die Strömung läuft,
Wie dann clam, langsam mein Schwamm sich besäuft.
Und ich ersäufe, um allen Dürsten
Gerecht zu werden, verschiedene Bürsten.
Ich seife, schrubbe, ich spüle froh.
Ich suche auf Ausguck
Vergebens nach einem ertrinkenden Floh,
Doch fort ist der Hausjuck.
Ich lehne mich weit und tief zurück,
Genieße schaukelndes Möwenglück.
Da taucht aus der blinkenden Fläche, wie
Eine Robinsoninsel, plötzlich ein Knie;
Dann – massig – mein Bauch – eines Walfisches Speck.
Und nun auf Wellen (nach meinem Belieben
Herangezogen, davon getrieben),
Als Wogenschaum spielt mein eigenster Dreck.
Und da auf dem Gipfel neptunischer Lust,
Klebt sich der Waschlappen mir an die Brust.
Brust, Wanne und Wände möchten zerspringen,
Denn ich beginne nun, dröhnend zu singen
Die aller schwersten Opernkaliber.
Das Thermometer steigt über Fieber,
Das Feuer braust, und der Ofen glüht,
Aber ich bin schon so abgebrüht,
Dass mich gelegentlich Explosionen –

– Wenn's an mir vorbeigeht – –
Erfreun, weil manchmal dabei was entzweigeht,
Was Leute betrifft, die unter mir wohnen.
Ich lasse an verschiedenen Stellen
Nach meinem Wunsch flinke Bläschen entquellen,
Erhebe mich mannhaft ins Duschengebraus.
Ich bück mich. Der Stöpsel rülpst sich hinaus,
Und während die Fluten sich gurgelnd verschlürfen,
Spannt mich das Bewusstsein wie himmlischer Zauber,
Mich überall heute zeigen zu dürfen,
Denn ich bin sauber. –

MORGENWONNE

Ich bin so knallvergnügt erwacht.
Ich klatsche meine Hüften.
Das Wasser lockt. Die Seife lacht.
Es dürstet mich nach Lüften.

Ein schmuckes Laken macht einen Knicks
Und gratuliert mir zum Baden.
Zwei schwarze Schuhe in blankem Wichs
Betiteln mich »Euer Gnaden«.

Aus meiner tiefsten Seele zieht
Mit Nasenflügelbeben
Ein ungeheurer Appetit
Nach Frühstück und nach Leben.

STILLE WINTERSTRASSE

Es heben sich vernebelt braun
Die Berge aus dem klaren Weiß,
Und aus dem Weiß ragt braun ein Zaun,
Steht eine Stange wie ein Steiß.

Ein Rabe fliegt, so schwarz und scharf,
Wie ihn kein Maler malen darf,
Wenn er's nicht etwa kann.
Ich stapfe einsam durch den Schnee.
Vielleicht steht links im Busch ein Reh
Und denkt: Dort geht ein Mann.

DEM MANN, DER ...

Der Mann, der meine Schuhe putzt
Am Bahnhofsplatz,
Hat abends, wenn er die Trambahn benutzt,
Neben sich einen Schatz.

Wie gern würde ich diesem Kind
Auch mal die Schuhe reinigen.
Jedoch sie sagt: »Baron, Sie sind
Ein dickes Schweinigen.«

Weil mir das Titelchen »Baron«
Nicht zukommt noch mir nutzt,
Gab ich heute großen Extralohn
Dem Mann, der meine Schuhe putzt.

SEHNSUCHT NACH BERLIN

(1929)

Berlin wird immer mehr Berlin.
Humorgemüt ins Große.
Das wär mein Wunsch: es anzuziehn
Wie eine schöne Hose.

Und wär Berlin dann stets um mich
Auf meinen Wanderwegen.
Berlin, ich sehne mich in dich.
Ach komm mir doch entgegen!

MEINE ALTE SCHIFFSUHR

In meinem Zimmer hängt eine runde,
Alte, achteckige Segelschiffsuhr.
Sie schlägt weder Glasen noch Stunde.
Sie schlägt, wie sie will, und auch nur,

Wann sie will. Die Uhrmacher gaben
Sie alle ratlos mir zurück;
Sie wollten mit solchem Teufelsstück
Gar nichts zu tun haben.

Und gehe sie, wie sie wolle,
Ich freue mich, weil sie noch lebt.
Nur schade, dass nie eine tolle
Dünung sie senkt oder hebt

Oder schüttert. Nein, sie hängt sicher
Geborgen. Doch in ihr kreist
Ein ruhelos wunderlicher
Freibeuter-Klabautergeist.

Nachts, wenn ich still vor ihr hocke,
Dann höre ich mehr als Ticktack.
Dann klingt was wie Nebelglocke
Und ferner Hunds wachenschnack.

Und manche Zeit versäume
Ich vor der spukenden, unkenden Uhr,
Indem ich davon träume,
Wie ich mit ihr nach Westindien fuhr.

SCHLÄGE

Es schlägt im Busch eine Nachtigall.
Es schlägt ein Knecht auf dem Sommerball
Einem andern den Schädel entzwei.
Es schlägt eine Turmuhr drei.

Es sagt die Nacht, wenn sie vorbei
Ist: »Guten Tag!«
Es schlägt ein frischer Trommelschlag
Die Schläfrigkeit zu Brei.

Es sagt der Tag, wenn er vergeht:
»Gut Nacht!« Will nichts besagen.
Schlägt alles – auch letzte Stunde – vorbei.
Doch wer sich drauf und dran versteht,
Der hört in jeder Schlägerei
Herzen schlagen.

Der grosse Christoph

Wer Rigas Hafen kennt,
Kennt auch das Holzmonument,
Das man den großen Christoph nennt.

Der Heilige mit seinem Wanderstabe.
Auf seiner Schulter sitzt der Jesusknabe.
Den hat er, wie die Leute dort sagen,
Durch die Düna getragen.

Die Flößer und die Schiffersleute schenken
Ihm Blumen, Bänder hin und andrerlei
Und bitten frömmig ihn dabei,
Er möge dies und das zum Guten lenken.
Es kommen viele Leute so und gehn.

Der Christoph trägt um seine Lenden
Ein Hemd, vier Hemden, manchmal zehn,
So je nachdem, was sie ihm spenden
Und andermal auch wieder stehlen.

Er trägt und gibt das Gerngewollte.
Und Christus schweigt; er ist ja noch so klein,
Und beide lächeln ob der simplen Seelen.
Und wenn sie wirklich etwas wurmen sollte,
Dann kann das nur ein Holzwurm sein.

SPIELBALL

Es weint ein Kind.
Ein Luftballon mit dünnem Zopf
Und kleiner als des Kindes Kopf
Entflieht im Wind.

Und reist und steigt verwegen.
Ein Nebel wallt.
Ein Fehlschuss knallt.
Dann fällt ein sanfter Regen.

Rundrote Riesenbeere
Rollt müde und verschrumpft
In einem Wipfelmeere,
Hat austriumpht.

Witziger Kräherich
Bringt seinem Bräutchen
Ein hohles Häutchen,
Die aber ärgert sich.

WUPER-WIPPCHEN

Als in Elberfeld wir in der Schwebebahn
Runter auf das Wupperwasser sahn
Und dann plötzlich unsre Blicke hoben
Gen einander ins Gesicht,
Hätten wir uns eigentlich verloben
Können. – Doch wir taten's nicht.
Weil man manchmal in der Schwebe Schweigen
Vorzieht. Um bald wieder auszusteigen.

LEERE NACHT

Es ließ ein Huhn sich braten.
Ich roch es. Doch es lockte nicht.
Mich grüßten zwei Soldaten.
Sie hatten kein Gesicht.

Ich schritt an Licht und Scheinen
Vorbei. Und schritt. Und schritt vorbei.
Ich sah ein Mädchen weinen.
Doch meine Brille ging entzwei.

Ein Bogen strich die Geige.
Und Stumme tranken Luft.
Mich streiften nasse Zweige.
Und irgendjemand sagte »Schuft«.

Bin beinah überfahren.
Das Auto hat mich ausgelacht.

Wo meine Freunde wohl waren
In dieser gottvergessenen Nacht?

HEIMLICHE STUNDE

Ein kleiner Spuk durch die Dampfheizung ging.
Keine Uhr war aufgezogen.
Ein zu früh geborener Schmetterling
Kam auf das Schachbrett geflogen.

Es ging ein Blumenvasenblau
Mit der Sonne wie eine Schnecke.
Ich liebe Gott und meine Frau,
Meine Wohnung und meine Decke.

Ein ehemaliger Matrose fliegt

Ich bin einst in Seemannsjahren
Oft elbauf, elbab gefahren.
Auf der Seite, wo wir dann Stadt Altona
Sichteten, stand ich an Deck und sah.

Sah ein Haus. Vom Schornsteinruß geschminkt,
Kiekt es lustig nach der Elbe hin.
Und ich wusste: Meta wohnt darin.
Wenn ich dort vorbeigefahren bin,
Hat sie mir und hab ich ihr gewinkt,
Ein Signal »Ich liebe dich«.
Und ich sah sie, und sie sah auch mich.

Heute flog ich über das vertraute
Altona. Hab nicht das Haus entdeckt.
Doch ich hab die Hand hinausgestreckt,
Hab gewinkt, wie ich es einst getan.
Und ich wusste: Meta schaute,
Winkte auf nach meinem Wolkenkahn
Oder wie sie's nennen, »Aeroplan«.

Wenn man sich auch sonst von nah,
Teufel eins, viel lieber sah,
Dacht ich doch verliebt und bang
Oben dort im Wolkenhang:

Wenn ich jetzt hinunterstürze,
Fängt mich Meta in der Schürze
Auf.

Seehund zum Robbenjäger

»Ich bin ein armer Hund.
Ich habe keine Brieftasche. Im Gegenteil:
Man macht aus mir welche; sehr wohlfeil.
Und Wohlfeil ist Schund.

Taten wir jemals Menschen beißen?!
Im Gegenteil: Jedes menschliche Kind
Wird uns, wenn wir auf den Lande sind,
mit Steinen tot schmeißen.

Wie ihr Indianer und Neger
Nicht glücklich für sich leben ließt,
Stellt ihr uns nach und schießt
Uns nieder. Für Bettvorleger!

Wo ihr Menschen Freischönes erschaut,
Öffnet ihr, staunend, euren Rachen.
Warum erstrebt ihr es nicht, euch vertraut
Mit den Tieren zu machen?

Wilde Tiere sahen allem, was neu
Und friedlich war, anfangs unsicher zu.
Wer nahm den wilden Tieren die Ruh?
Wer gab ihnen zur Angst die Wut?

Der Mensch verkaufte Instinkt und Scheu.
Das Tier ist ehrlich und deshalb gut.«

AN DER HARTEN KANTE

Ein leerer Kinderwagen stand
Vor der steilen Felsenwand,
Als ich abends gewandert bin
War kein Kind darin.
War auch kein Mensch dabei,
Kein Mensch in der kahlen Weite.

Aber Bettchen lagen beiseite
Und im Wagen ein Pferdchen mit nur drei
Holzbeinchen – – Und ein verschlossener Brief.

Weit sieht man vom Felsen dort über das Meer,
Das tosend unter mir tief
In blendender Brandung zerschellte
Und wieder sich wälzte und wellte.

Ein Schiff am Horizont. Woher?
Wohin? War nicht zu sehen,
Und was auch kümmerte mich das.

Ich fühlte nur: Es war etwas
Verzweifeltes geschehen.

Drama im Zoo

Es war schwül. Der Schullehrer sah ernst nach einer heraufziehenden Wolke, die wie ein Wiener Schnitzel aussah. Er trieb seine Kinder vom Elefanten zum Affenland. Die Kinder staunten laut. Hundert Fragen lärmten. Ein Herr mit einem harten Hut verließ stolz die Küste des Affenlandes, schritt steif einer andern Anlage zu und blickte auf ein Bassin hinunter. »Nichts ist hier zu sehen. – Nur eine lange Schnecke ohne Haus. Sollte das Otavia jubata sein?«

Es wurde ganz finster. Der Herr wechselte seine scharfe Brille gegen eine noch schärfere und sah nochmals hinab. »Guten Tag, Herr Gulbransson! Nanu, hier?« rief er und schwenkte seinen Hut. Der Hut entglitt ihm und trieb dann, Futter nach oben, wie ein Schifflein auf dem Wasser.

Außerdem war er gar nicht Herr Gulbransson, sondern ein Seelöwe, der da aufgetaucht war. Der begann sofort den Hut auf seiner Nase zu balancieren.

»Offenbar dressiert. Aber was geht das mich an. Es ist mein Hut!« – Die Schulkinder schwirrten an die halbkreisförmige Mauer. Sie jubelten. Das hatten sie noch gestern im Zirkus bejubelt. Nur war es dort ein Ball gewesen.

Der Lehrer wandte sich an den hutlosen Herrn: »Ist Ihnen Ihr Hut entfallen?«

»Das geht Sie gar nichts an!« Der Kurzsichtige hätte vielleicht noch mehr gesagt, aber ein paar Regentropfen hatten seine Brille getrübt; nun putzte er die.

»Verzeihen Sie«, sagte der Lehrer, »ich wollte Ihnen nur eventuell behilflich sein.« Der Seelöwe schwamm unaufhörlich im Kreise herum, ohne dass der tanzende Hut einmal seiner Nase entwich. Nun kam er der Mauer näher. – Es regnete.

»Ich pflege mir selbst zu helfen«, sagte der Kurzsichtige, ergriff seinen Spazierstock an der Zwinge und versuchte, nach dem Hut zu angeln, indem er sich weit über die Brüstung beugte. Er schätzte die Entfernung ganz falsch ein. Außerdem verlor er die Balance und plumpste ins Wasser. Die Schulkinder schrien.

Der Kurzsichtige schwamm hastig dem andern, seichten Ufer zu. Der Seelöwe brachte sich mit einer kurzen graziösen Schleife an seine Seite. Der Lehrer feixte.

Ein Wolkenbruch pladderte. Der Herr im Wasser kroch, Hilfe schreiend, auf allen Vieren ans Ufer und wollte ohne Hut, ohne Stock, ohne Brille davonlaufen. Aber da kam gerade aus dem Nachbarkäfig ein Renntier auf ihn zugetrabt. Die Kinder quiekten. – Es blitzte.

Kein Regenschirm entfaltete sich. Lehrer und Schüler flohen. Nur vier von den Kindern trotzten Rügen und Regen, um weiter zuzusehen, wie Renntier und Kurzsichtiger voreinander erschraken, dann, einander ausweichend, entfliehen wollten, aber leider immer dieselbe Fluchtrichtung wählten. Bis ihre Kopflosigkeit sie versehentlich doch endlich trennte.

Das Renntier tat noch ein paar Sprünge und dann das, wozu es herübergekommen war. Es trank von der Seelöwen-Badebrühe. Der Kurzsichtige war entschwunden. Er trachtete wohl konträr nach Trockenheit. – Es donnerte. – Das Renntier fürchtete sich nicht davor. Als es seinen Durst gelöscht hatte, trabte es in sein Spezialrevier zurück.

Der Seelöwe fürchtete weder Renntier noch Gewitter. Dennoch war er sehr aufgeregt. Versuchte immer wieder vergeblich, sich an der Steilmauer hoch zuschwingen. Denn an dieser Mauer kroch, ganz langsam, unglaublich steil, etwas Winziges, Dunkles, Glattes.

»Wie groß du bist!« sagte die ehrlich bewundernde Schnecke in ihrer Sprache. »Und wie schnell du dich bewegst! – Bist du männlich?«

Die Robbe verstand die Schnecke nicht und redete sie auf Seelöwisch an: »Wie niedlich du bist! Wie du deinen Kopf wiegst, du könntest eine ganz winzige Seelöwin sein, trotz deiner Stielaugen, die dir ganz gut stehen. – Oder bist du ein Fisch? – Hab keine Angst. Komm doch näher! Ich bin so neugierig. – Außerdem habe ich Hunger.«

Die Schnecke verstand kein Seelöwisch, aber sie war begeistert von den geschwinden Tanzbewegungen des großen, fremden Bruders. Sie versuchte es ihm nachzumachen. Sie schnellte ihr Hinterteil hoch. Leider auch gleichzeitig ihr Vorderteil.

Es blitzte und donnerte in rascher Folge. Der Seelöwe spuckte die Schnecke zunächst erst einmal wieder aus.

Sämtliche Besucher des Zoos saßen jetzt im Restaurant. Man pries die moderne Anlage des neuen Tiergartens. Man lobte die Stadtväter, die es damit erreicht hätten, dem Ort das Gepräge einer Großstadt zu geben. – Wie glücklich die Tiere in diesen weiten, freien Einzäunungen sein müssten. Ein besonders Kluger bewies: Die Tiere wären jetzt noch glücklicher als in Freiheit. Denn der geringe, notwendig verbleibende Rest von Gitterwerk und Überwachung sicherte sie hier doch vor Feinden. »Im Gegensatz zur Freiheit«, bestätigte ein beinahe ebenso Kluger.

Vom Donner und Regen draußen hörte man drinnen nichts mehr. Die Leute tranken Bier oder Kaffee. Sie lachten über den verrückten Elefanten, der sich selber Dreck auf den Rücken warf. Sie spöttelten über den verwöhnten Seelöwen, der die zugeworfenen Brotstücke verschmähte. – Man lobte das Bier. – Man tadelte die Bieruntersetzer und die Bedienung. – Jemand schlug vor ... Alle schlugen mit der Zeit vor. Es herrschte eine gemütliche Nörgelstimmung.

Im Zimmer der Zooleitung war indessen eine Sitzung im Gange. Die Reden vom Bürgermeister, von zwei Stadträten und vom Zoodirektor gingen herum wie vier Katzen um vier heiße Breie.

Der erste Stadtrat zählte nochmals auf, welche Unkosten der Stadt in letzter Zeit erwachsen wären. Durch die Anbringung zweier Ehrentafeln und Vergoldung der Gitterwerke und Türklinken am Rathaus. Ferner durch ...

Der Bürgermeister, getragen von der Solidarität der Stadträte, führte in seiner dritten Ansprache selbstgefällig aus, dass zwar der Elefant eine Stiftung wäre und die Affen eine Leihgabe wären. – Dass aber angesichts der weit unterschätzten Baukosten und der allgemeinen wirtschaftlichen Notlage der Ankauf eines Seelöwen doch etwas verfrüht gewesen wäre.

Der junge Zoodirektor erklärte leidenschaftlich: Was Tiere kosteten. Was ihr Futter kostete. Was ein Zoo ohne Tiere sei. Und was ein Zoo mit Tieren für den Fremdenverkehr, für Volksbelehrung und Ablenkung von politischen und ...

Der zweite Stadtrat erhob sich: Alle Ideale in Ehren. Aber so, wie nun einmal die öffentlichen Ansprüche lägen, müsste man doch zunächst einmal die Anziehungspunkte berücksichtigen. Und den Restaurantbetrieb ausbauen. Im Übrigen könnte man ja zunächst einmal mit billigern Tieren einsetzen. Mit einheimischen Tieren, wie Igel, Reh, Papagei, sogar Katze und Hund. Denn schließlich seien doch alle Tiere interessant. Auch er sei der Meinung, die Giraffe vorderhand – er lächelte – noch etwas in die Länge zu ziehen und abzuwarten, wie ...

Der erst seit kurzem ansässige Zoodirektor entschuldigte sich für einen Moment. Er wurde ans Telephon gerufen.

Als er zurückkam, weinte er. Die andern drei Herren erhoben sich wohlwollend erschreckt neugierig. – – Der Seelöwe war soeben vom Blitz erschlagen worden.

Eigentlich hatte der Direktor aus Wut geweint.

Und auf einmal steht es neben dir

Und auf einmal merkst du äußerlich:
Wie viel Kummer zu dir kam,
Wie viel Freundschaft leise von dir wich,
Alles Lachen von dir nahm.

Fragst verwundert in die Tage.
Doch die Tage hallen leer.
Dann verkümmert deine Klage ...
Du fragst niemanden mehr.

Lernst es endlich, dich zu fügen,
Von den Sorgen gezähmt.
Willst dich selber nicht belügen
Und erstickst es, was dich grämt.

Sinnlos, arm erscheint das Leben dir,
Längst zu lang ausgedehnt. – –
Und auf einmal – –: Steht es neben dir,
An dich angelehnt – –
Was?
Das, was du so lang ersehnt.

HERBST IM FLUSS

Der Strom trug das ins Wasser gestreute
Laub der Bäume fort. –
Ich dachte an alte Leute,
Die auswandern ohne ein Klagewort.

Die Blätter treiben und trudeln,
Gewendet von Winden und Strudeln
Gefügig, und sinken dann still. – –

Wie jeder, der Großes erlebte,
Als er an Größerem bebte,
Schließlich tief ausruhen will.

NACH DER PREMIERE

Auf Enttäuschungen gefasst,
Reiste ich in Ruhe.
Mich trugen Schuhe,
So leicht wie Bast.

In mir war ein Garten,
Wo ein Kind auf Gräsern schlief.
Ohne zu erwarten,
Fand ich, was so schön verlief.

Wie es Kunst und Freundeshand
Lenkten, will ich's wahren,
Als ein Glück, mir nachgesandt
Aus verschollenen Jahren.

Ein ganzes Leben

»Weißt du noch«, so frug die Eintagsfliege
Abends, »wie ich auf der Stiege
Damals dir den Käsekrümel stahl?«

Mit der Abgeklärtheit eines Greises
Sprach der Fliegenmann: »Gewiss, ich weiß es!«
Und er lächelte: »Es war einmal –«

»Weißt du noch«, so fragte weiter sie,
»Wie ich damals unterm sechsten Knie
Jene schwere Blutvergiftung hatte?« –

»Leider«, sagte halb verträumt der Gatte.

»Weißt du noch, wie ich, weil ich dir grollte,
Fliegenleim-Selbstmord verüben wollte?? –

Und wie ich das erste Ei gebar?? –
Weißt du noch, wie es halb sechs Uhr war?? –
Und wie ich in Milch gefallen bin?? –«

Fliegenmann gab keine Antwort mehr,
Summte leise, müde vor sich hin:
»Lang, lang ist's her – – lang – – –«

NACH EINER ZEIT

Der du unsrer so gedachtest,
Als uns alles sonst vergaß,
Soviel Glück, wie du uns brachtest,
Keine Wiese hat's an Gras.

Wenn zwei Augen im Erblinden,
Wenn zwei Herzen ganz verzagt
Plötzlich Licht und Hoffnung finden,
Dann hat Gott etwas gesagt.

Lächelt jetzt ein Regenwürmchen,
Weil die Amsel vor mir flieht?

Hohe Türme sind nur Türmchen,
Wenn ein Adlerauge sieht.

VOR EINEM KLEID

Karo ist in deinem Kleid,
Eine ganze Masse
Karo-Asse.

Wie viel Karos ihr wohl seid
In dem Kleid? – Das Kleid ist nett.

Karos sind im armen Bett.

Nun ich habe nicht gezählt,
Wenn mich auch die Frage,
Wie viel es wohl sind, doch quält.
(Immer wieder seh' ich hin.)

Weil ich männlich bin,
Rock und Hose trage,
Passt solch Muster nicht für mich.
Karo ist zu munter.

Aber ich bestaune dich,
Fremdes Mädchen, hübsche Maid.
Karo ist in deinem Kleid.

Ist ein Coeur darunter?

KLEINES GEDICHTCHEN

Kleines Gedichtchen,
Ziehe denn hinaus!
Mach ein lustiges Gesichtchen.
Merke dir aber mein Haus.

Geh ganz langsam und bescheiden
Zu ihr hin, klopf an die Tür,
Sag, ich möchte sie so leiden,
Doch ich könnte nichts dafür.

Antwort, nein, bedarf es keiner.
Sprich nur einfach überzeugt.
Dann verbeug dich, wie ein kleiner
Bote schüchtern sich verbeugt.

Und dann, kleines Gedichtchen du,
Sag noch sehr innig: »Geruhsame Ruh«.

AN ADOLF HUESGEN

(In ein Exemplar „Nervosipopel", Dezember 1925)

Lieber Huesgen, nimm das Buch und lies es
Und verstehe dann, dass der Verlag, der dieses
Werk vor Monaten herausgebracht hat,
Noch viel schneller pleite ging, als man gedacht hat.

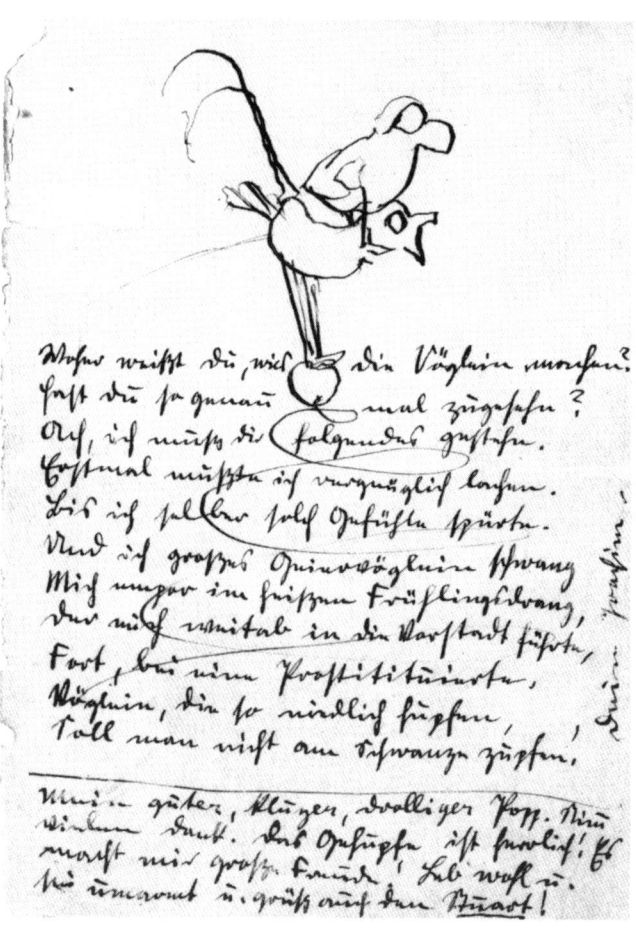

Ach, ich suche täglich hier vergebens
Einen Schornstein, der noch raucht.
Und die ganze Sonne unsres Lebens
Scheint von Euch zu Moselwein verbraucht.

Lass mich also in den Flüssigkeiten
Suchen nach verlornem Sonnenschein
Und das Schlimme, Schwere dieser Zeiten
Still vergessen unter Moselwein.

Weg von hier nach Trarbach-Traben,
In dem Land voll Sonnenschein
Will ich – wen auch nicht begraben –
So doch niemals nüchtern sein.

INHALT